전주이씨 수도군파 5세

이현충과
부인 안동김씨 묘
출토 복식

| 기획 총괄 | 박경식

| 전시 기획 | 이명은, 채정민

| 행정 지원 | 조한석, 이지영

| 전시 진행 | 이명은, 채정민, 오호석, 기수연

| 보조 진행 | 차미희, 이종찬, 한광순, 박영애, 정유선, 이소영, 박이지

| 글 | 이명은, 황진영, 오호석

| 사진 | 서헌강 사진 연구소

| 일러스트 | 황진영

| 유물 및 이미지 협조 | 경북대학교박물관, 광주광역시립민속박물관, 대전시립박물관

| 펴낸이 | 장호성

| 기획 | 김남필

| 제작 | 성두현

| 마케팅 | 김민배

| 엮은곳 | 단국대학교석주선기념박물관
전 화_031 8005-2390 팩스_031 8021-7157

| 펴낸곳 | 단국대학교출판부
등 록_1968. 2. 27: No. 제03-00095호
주 소_경기도 용인시 수지구 죽전로 152
전 화_031 8005-2404 팩스_031 8021-7154

2019년 5월 25일 초판발행
2019년 6월 30일 2쇄발행

값 30,000원

Pubished by Dankook University Press

Printed in Korea

ISBN 978-89-7092-723-7 94380
ISBN 978-89-7092-418-2 (세트)

石宙善紀念博物館 出土服飾 7

출토복식

전주이씨全州李氏 수도군파 5세守道君派 五世 이헌충과李憲忠 부인 안동김씨 묘 安東金氏 墓

석주선기념박물관 편

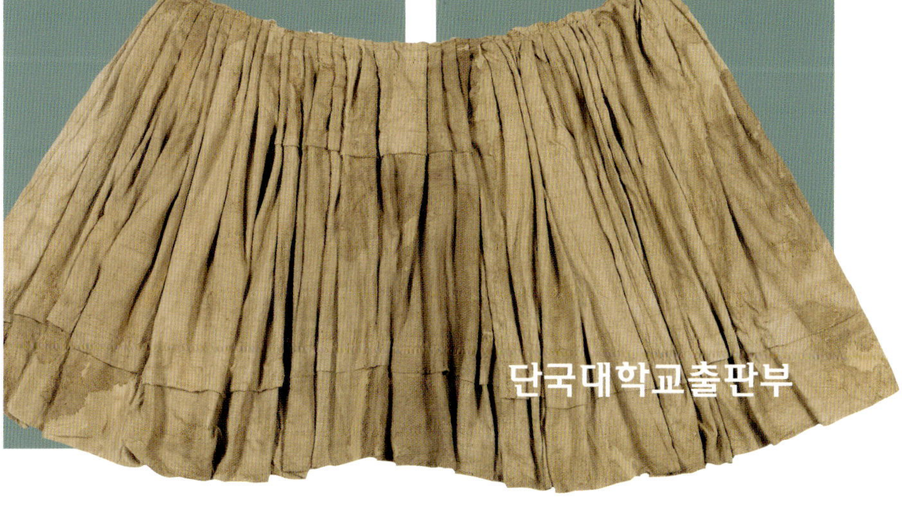

단국대학교출판부

발간사

1976년, 석주선 선생님께서 평생 수집하셨던 유물을 본교에 기증하시면서 출발한 석주선기념박물관 복식 분야는 1981년에 제1회 특별전시회를 시작한 이래 금년에 38회 특별전을 개최하게 되었습니다. 이처럼 38년이라는 장구한 시간을 이어오며 한 해도 쉼 없이 전시회와 학술대회가 개최됨은 바로 석주선 선생님의 학문에 대한 열정이 후학들에게 그대로 계승되고 있음을 반증하는 것이라 하겠습니다. 뿐만 아니라 전통문화의 창달을 통해 국가와 지역사회에 기여해 왔던 우리 대학의 전통이자 정신이라 생각합니다.

금년에 개최되는 제38회 특별전의 주제는 "전주이씨 수도군파 5세 이헌충과 부인 안동김씨 무덤 출토 복식"입니다. 이헌충 공과 안동김씨는 백수(白壽)를 누린 분들로 공은 조선 정종의 7남 이덕생(李德生)의 5세손으로 생전에 종5품의 공조정랑(工曹左郎)을 지내고 사후 공조정랑(工曹正郎)에 추증된 인물입니다.

경기도 포천시 소흘읍 무림리에 소재한 전주이씨 수도군파(守道君派)의 선산에 있던 이헌충(李憲忠) 공과 부인 안동김씨 부부의 쌍분에서 2009년 10월 8일에 출토된 유물은 문중에 의해 우리 대학 박물관에 기증되었습니다. 조상이 남긴 유품을 재산 가치로만 여기는 요즘의 현실에 비추어 볼 때 이를 결정한 가문의 결단은 결코 쉬운 일은 아니었을 것으로 생각됩니다. 이런 면에서 볼 때 조상의 유품을 선뜻 우리 대학 박물관에 기증해주신 전주이씨 수도군파 가문과 19세손이신 이병창 선생님께 무한한 감사의 말씀을 전합니다.

기증 이후 우리 박물관에서는 10여 년에 걸쳐 전체 유물에 대한 분류와 정리 및 복원 작업을 진행했고, 그 결과를 이 책에 담았습니다. 수록된 유물은 모두 20여 점으로 이들 중 '세가닥 바지'는 현대적인 패션 감각이 돋보이기에 16세기 선조들의 복식문화에 대한 이해와 창의성을 엿볼 수 있는 소중한 유물로 평가되고 있습니다.

이번 전시회의 개최와 본 도서를 발간하는 과정에는 실로 많은 분들의 노력이 있었습니다. 먼저 석주선기념박물관이 한국 전통복식분야를 선도하는 최고 박물관으로 성장할 수 있도록 격려와 지원을 아끼지 않으시는 장충식 이사장님과 장호성 총장님께 감사의 말씀을 드립니다. 그리고 이번 특별전과 학술대회의 성공적 진행을 위해 도움을 주신 (재)겨레문화유산연구원, (재)국방문화재연구원, (재)예맥문화재연구원, (재)한백문화재연구원, (재)한성문화재연구원 관계자께도 감사의 뜻을 전합니다. 마지막으로 금년에 개최한 전시회와 학술대회는 물론 본 도서의 발간에 이르기까지 최선의 노력을 경주해 준 박물관 관계자 여러분들께도 고마움을 전합니다.

2019년 5월

단국대학교 석주선기념박물관장

박경식

전주이씨 수도군파 5세

이현충과 부인 안동김씨 묘 출토 복식

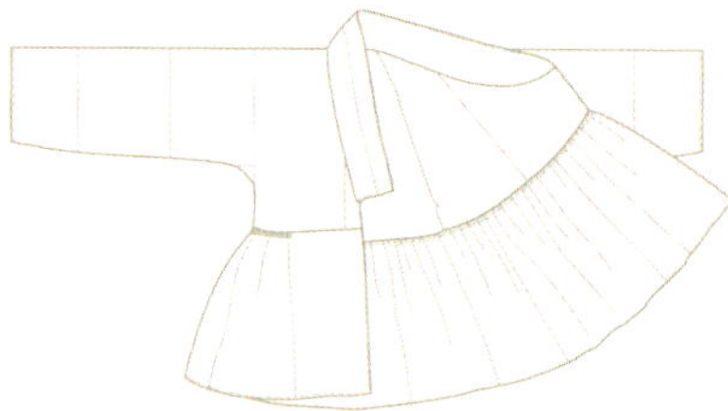

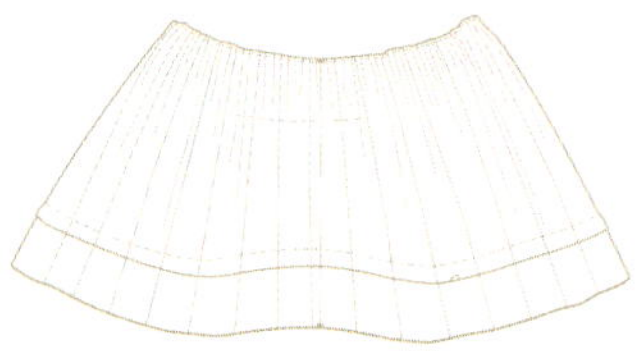

일러두기

1. 이 책은 2019년 단국대학교 석주선기념박물관 민속복식 분야 제38회 특별전2019.5.10.~6.7의 전시 도록입니다.
2. 도판과 실측도의 순서는 유물 번호순으로 구성하였습니다.
3. 유물의 크기는 cm 단위로 하였습니다.
4. 이 책에 실린 글과 사진은 단국대학교 석주선기념박물관의 동의 없이 무단으로 전재 및 복제할 수 없습니다.

목차

발간사

일러두기

유물출토 및 행력

이헌충과 부인 안동김씨 쌍분雙墳의 유물 출토 경위 ······ 10

이헌충의 행력 ······ 25

화보

이헌충 묘 출토 유물 ······ 32

배위 안동김씨 묘 출토 유물 ······ 68

세가닥 바지 ······ 84

논고

경기도 포천 소재 이헌충 공과 배위 안동김씨 묘 출토 복식 · 이명은 ······ 114

조선시대 세가닥 바지 · 황진영 ······ 139

실측도 ······ 154

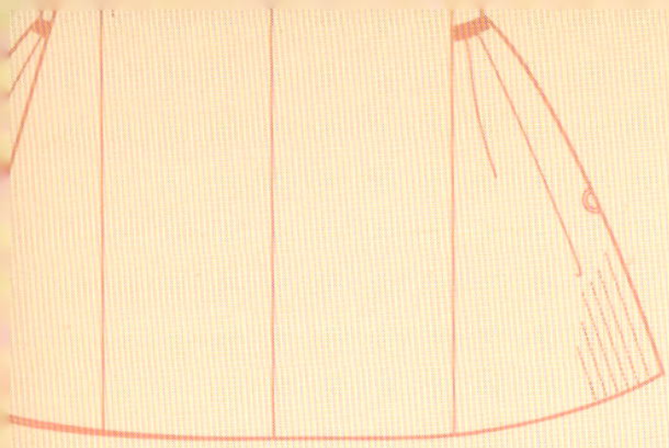
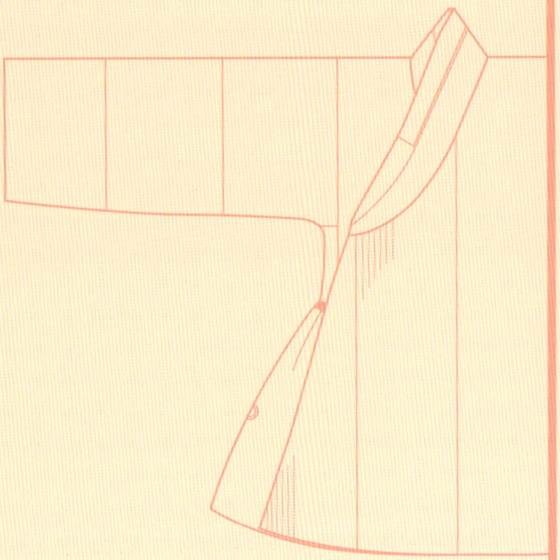
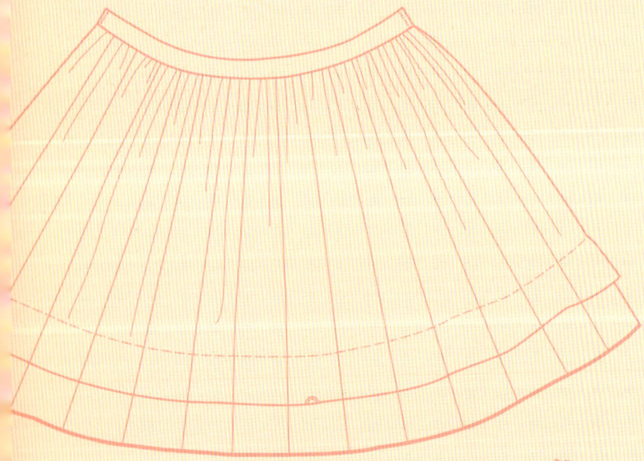

유물 출토 및 행력

이헌충과 부인 안동김씨 쌍분의 유물 출토 경위

2009년 10월 7일, 경기도 포천시 소흘읍 무림리 산 89번지에 있는 전주이씨 수도군파守道君派 문중 선산에서 분묘 이전 작업이 진행되었다. 묘는 조선 2대 임금 정종定宗의 7남男인 수도군守道君의 고손자高孫子, 이헌충李憲忠: 1505~1603과 부인 안동김씨安東金氏: 1505년 생의 쌍분이었다. 이헌충 공의 묘는 선조 계묘1603년 3월 30일에 98세로 돌아가시자 수도군의 묘 아래쪽 우측에 모셨으며, 이후에 돌아가신 것으로 추정되는 부인 안동김씨도 그 옆자리에 쌍분으로 모셔져 있었다. 후손들이 보기에 묘터 자리가 그늘져 불리하여 수도군 묘소 두 단계 아래쪽의 햇빛이 드는 곳으로 이장하기로 하여 작업이 시작되었다.

이장 작업은 문중 관계자와 인부들이 참석하였으며 작업 과정에 대한 어떠한 기록물도 남아 있지 않기 때문에 당시 책임자였던 후손 이병창 선생의 증언을 바탕으로 기술하였다.

포크레인을 이용하여 이헌충 공의 묘부터 작업을 시작하였다. 작업 중에 일반적으로 지석이 놓이는 위치의 묘 앞쪽 자리에서 태항아리로 추정되는 도자기 1점과 뚜껑으로 추정되는 접시 1점이 발견되어 수습하였으며 이는 현재 문중에서 소장 중이다.

파묘 작업이 진행될수록 회곽에 둘러싸인 관 주변에 물이 고이기 시작하였고 관이 드러나니 주위에 물이 그득하였다. 관 뚜껑 위에는 명정이 놓여 있었고 옷감구의로 추정됨도 있었다. 관 뚜껑을 열었더니 물이 가득 차 있었으며 관 안의 내용물은 바닥에 내려앉은 상태였다. 옷을 낫으로 자르고 시신을 보니 육탈이 되지 않은 상태였으며 상투까지도 그대로 남아 있었다. 부인 안동김씨의 묘는 이헌충 공의 묘 조성보다는 약소하였다. 관 주위의 회곽 상태도 이헌충 공보다 약소하였다. 그래서 문중에서는 부인이 이헌충 공보다 몇 년을 더 생존했을 것으로 보고 있다. 이장 작업이 완료되고 수습한 옷들은 모아서 작업장 부근에 보관하였다.

시신은 선조인 수도군 묘의 아래쪽에 위치한 새 묘터로 옮기고 안동김씨의 묘도 같은 방법으로 처리하여 이장하였다. 관에서 나온 옷들은 관 뚜껑 위에 보관해 두고 출토된 유물의 처리 문제에 대해 문중 관계자들이 협의하였다.

후손 이병창 선생은 다음날인 8일에 단국대학교 출신인 이건식 교수현 단국대학교 국어국문학과 교수* 를 통해 단국대학교 석주선기념박물관 관계자에게 유물 출토 상황을 알리고 기증 의사를 밝혔다. 박물관에서는 이명은 · 채정민 학예연구사의 책임 아래 대학원 전통의상학과 유물 보수 수업 학생들이 오후 2시에 포천 출토지에 도착하였다. 도착 당시의 묘터 상황은 관 뚜껑 위에 옷들이 널려 있었으며 이헌충 공과 안동김씨의 옷은 분리하여 보관되어 있었다. 유물은 물과 흙이 뒤섞인 채로 하루가 지났기 때문에 흙이 굉장히 많이 묻어 있는 상태였다. 뭉친 흙은 털어내면서 유물을 한 점씩 수거하여 수습 봉투에 넣어 정리하였다. 유물이 소략하여 오후 3시 30분에 작업이 완료되어 박물관으로 이관하였다. 오후 5시 20분에 박물관에 도착하여 보존 처리를 할 때까지 냉장고에 보관하기로 하였다.

석주선기념박물관은 유물을 인수 받은 후 대학원 전통의상학과 재학생들이 참여하여 유물 이관 2주 후 유물에 침투되어 있던 오염물을 제거하면서 거풍 작업을 실시하였다. 거풍이 완료된 유물들은 다시 상자에 넣어 훈증 소독 완료 후 수장고에 보관하였다. 2009년 10월~12월 사이에 박물관 연구원들이 간헐적으로 세척 작업을 실시하였으며 이후 다시 수장고에 보관하였다. 전시 준비를 위해 2017년 후반부터 유물을 재정리하였는데, 유물은 땅속에서 이미 훼손 되었거나 비전문가들이 수습하면서 원할한 작업을 위해 낫으로 찢어서 수습하였기 때문에 유물 형태는 매우 불량하였다. 이에 대한 보수 작업을 1년 가까이 실시하여 전시를 앞두어 완료하였다. 유물 보수 작업은 한광순 연구원, 박영애 선생국가무형문화재 제89호 침선장 전수조교이 맡아서 하였다.

이와 같은 순서로 보존 처리가 완료된 유물은 총 28점으로 확인되었다. [표 참조]

이헌충 공의 후손 이병창 선생은 후학들을 위하여 유물 전체를 단국대학교에 기증하였으며, 석주선기념박물관에서는 유물 28점을 주제로 하여 2019년 5월에 민속 · 복식 분야 제38회 특별전 "전주이씨 수도군파 5세 이헌충과 부인 안동김씨 무덤 출토 복식" 전시를 통해 대중들에게 소개하게 되었다.

* 전주이씨 덕천군파 후손, 당시 한국학중앙연구원 연구원, 단국대학교 79학번.

유물 출토 개요

묘 주	이헌충, 배위 안동김씨
시 기	16세기
출토지	경기도 포천시 소흘읍 무림리 산 89번지
출토일	2009년 10월 7일
유물 수습일	2009년 10월 8일
유물 수량	총 28점
유물 종류	이헌충 유물 20점: 명정 1점, 답호 2점, 철릭 4점, 액주름 1점, 바지 2점, 조대 2점, 이불 1점, 구의 1점, 관내의 조각, 멱목 1점, 소매겹 1쌍, 소매홑 1쌍, 옷감 조각 2점. 안동김씨 유물 8점: 장저고리 2점, 저고리 1점, 적삼 1점, 치마 2점, 치마 조각 2점.
유물 수습 참여	이명은, 채정민(단국대학교 석주선기념박물관) 김지혜, 김진영, 남예지, 안전혜, 차서연, 최경희(단국대학교 대학원 전통의상학과 2009년 유물보수 수업 수강자)
유물 거풍	2009년 10월 14일 김지혜, 김진영, 남예지, 안전혜, 최경희
유물 세척	2009년 10월~12월 박물관 민속복식 연구원
유물 보수	2017년 10월~2019년 1월
작업자	한광순(단국대학교 석주선기념박물관) , 박영애(무형문화재 제89호 침선장 전수 조교)

이헌충 묘 출토 유물 목록

유물 번호	일련번호	명칭	유물	구성	소재 겉/안	뒤 길이 /총길이	화장 /허리둘레	뒤품 /바지부리	진동	수구
B11470	12수48.01	명정		홑	초	길이 201	너비 62			
B11471	12수48.02	답호		겹	명주	앞 136 뒤 144.5	50	68	52.5	51
B11472	12수48.03	답호		겹	명주	141.5	50.5	68	48	47.5
B11473	12수48.04	철릭		겹	명주	125	123.5	67	46	34.5
B11474	12수48.05	철릭		겹	명주	128.5 70+57.5	123.5	66.5		37.5
B11475	12수48.06	철릭		겹	명주	123 67+56	124	67	47.5	35
B11476	12수48.07	철릭		겹	명주	125 69+56	123	67	43.5	34.5
B11477	12수48.08	액주름		누비	명주	120.5	118	69	45.5	34.7
B11478	12수48.09	세가닥 바지		누비	명주	102.5	57*15.7	60	41.5	
B11479	12수48.10	바지		겹	명주	113	117	61		

유물번호	일련번호	명칭	유물	구성	소재 겉/안	뒤 길이 /총길이	화장 /허리둘레	뒤품 /바지부리	진동	수구
B11480	12수48.11	조대		끈목	견사	780	두께 0.3			
B11481	12수48.12	조대		끈목	견사	720				
B11482	12수48.13	이불		겹	명주	212	너비 220			
B11483	12수48.14	구의		홑	명주	가로 65	세로 427			
B11484	12수48.15	관내의		홑	명주	가로 42	세로 163			
B11485	12수48.16	멱목		겹	명주	가로 34	세로 33			
B11486	12수48.17	소매1쌍		겹	명주	길이 85	너비 45			
B11487	12수48.18	소매1쌍		홑	명주	길이 63	너비 33.5			
B11488	12수48.19	옷감 조각		홑	명주	길이 99	폭 34			
B11489	12수48.20	옷감 조각		홑	명주	길이 102	폭 33.5			

안동김씨 묘 출토 유물 목록

유물 번호	일련번호	명칭	유물	구성	소재 겉/안	뒤 길이 /총길이	화장 /허리둘레	뒤품 /바지부리	진동	수구
B11490	12수49.01	장저고리		겹	명주	80	90	65.5	35.5	27.5
B11491	12수49.02	장저고리		겹	명주	81.5	91	72	34	29.5
B11492	12수49.03	저고리		겹	명주	52.5	69.5	67.2	27.5	24
B11493	12수49.04	적삼		홑	명주	58	61	61	31	29
B11494	12수49.05	치마		겹	명주	98	105	폭 484		
B11495	12수49.06	치마		겹	명주	90	77	폭 450		
B11496	12수49.07	치마 조각		누비	명주	길이 90	폭 180	67		
B11497	12수49.08	치마 조각		겹	명주	길이 92	폭 125	69		

출토지 상황: 출토지에 관 뚜껑 등이 널려 있다.

출토지 상황: 문중에서 자체 수습하여 관 뚜껑 위에 뭉쳐서 임시 보관한 상태

출토지 상황: 이장 완료 후 관이 눕혀져 있다.

출토지 상황: 명정이 널려 있는 모습

수도군과 부인 여산송씨 합장묘

이헌충 공과 부인 안동김씨 쌍분을 이장하면서 합장하였음

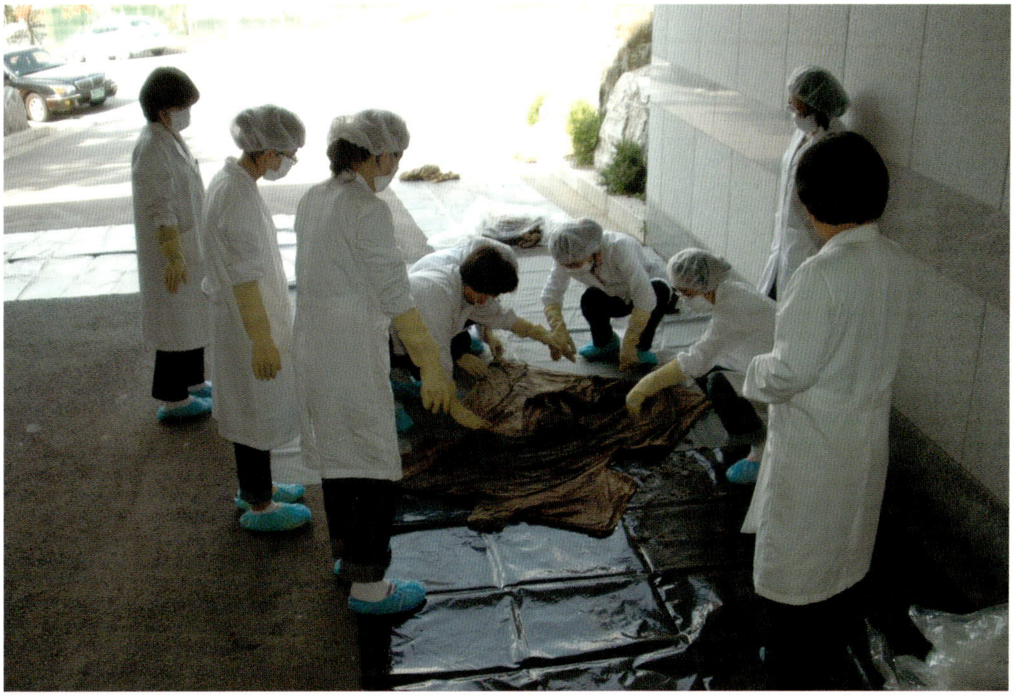

유물을 박물관 밖으로 이관 후 상태 파악을 위해 분류

유물 거풍 작업 현장

No. 11471 답호의 보수 전 상태

수습 과정에서 안깃, 겉길, 안길, 뒷길 무가 훼손된 상태

No. 11471 답호 보수 완료 후 모습

No. 11474 철릭의 보수 전 상태

수습 과정에서 앞면 치마 부분과 뒷길 상부가 훼손된 상태

No. 11474 철릭 보수 완료 후 모습

No. 11477 액주름의 보수 전 상태

전체적으로 훼손된 모습

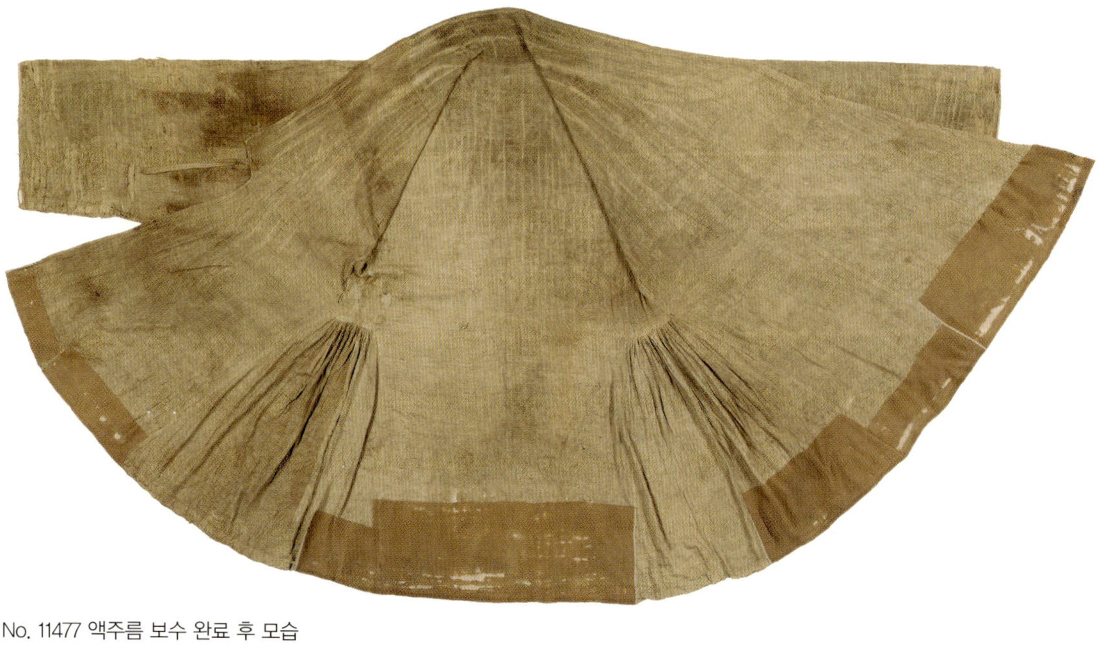

No. 11477 액주름 보수 완료 후 모습

No. 11491 장저고리의 보수 전 상태

수습 과정에서 앞면 전체, 뒷면 소매 부위가 훼손된 모습

No. 11491 장저고리 보수 완료 후 모습

No. 11492 저고리의 보수 전 상태

수습 과정에서 왼쪽 소매에서 가슴까지 잘린 상태이며 오른쪽 겨드랑이 위치에 상하로 훼손된 모습

No. 11492 저고리 보수 완료 후 모습

이헌충李憲忠 의 행력行歷*

이병창전주이씨 수도군파 19世

이헌충은 조선 2대 임금 정종定宗: 재위 1398~1400의 7남男인 수도군守道君의 고손자高孫子로 연산 을축1505년에 양곡부수 이은李憶과 직장直長 하동정온河東鄭磊의 따님과의 사이에 장남으로 태어났다. 자字는 공보公輔로 조부는 곤산수昆山守 숙조淑祚, 증조부는 어산정語山正 검儉, 고조는 수도군守道君 덕생德生이다.

공의 5대조이신 정종 임금은 1357년고려 공민왕 6 음력 7월 1일 함흥에서 태조고황제太祖高皇帝 이성계李成桂와 안천부원군安川府院君 한경韓卿의 딸, 신의왕후 한씨神懿王后 韓氏 사이에 둘째 아들로 태어났다. 초휘初諱는 경曔, 자는 광원光遠, 초명은 방과芳果, 묘호는 정종定宗이다. 정종은 성품이 인자하고 용기와 지략이 뛰어나 고려 때 아버지를 따라 많은 전공을 세워 개국 뒤 영안군永安君에 책봉됐다.

조선 건국 후 제2차 왕자정종 2, 1400의 난이 수습된 뒤 세자로 책립되어 태조의 양위를 받아 경복궁 근정전에서 왕위에 즉위했다. 그러나 새롭게 건국한 조선의 수도 한양에서의 골육상쟁, 즉 제1차 왕자의 난태조 7, 1398을 상기하여 예전의 수도인 개경開京 유후사留後司로 환도하였다. 동생 정안군을 왕세제로 삼고 왕족, 권신權臣 등이 양성하던 사병을 폐지하여 삼군부에 편입시켰다. 또한 관제를 개혁하고, 한양의 5부에 각각 학당을 설립하는 등의 업적을 이뤘다.

태종에게 왕위를 양위하고 개성 인덕궁에 거주하며 생활을 하다 1419년세종 1 왕위에서 물러난 지 19년 만에 63세의 나이로 승하하였다. 정종을 모신 후릉은 경기도 개풍군 흥교면 흥교리현 개성시 판문군 영정리에 있다.

태종에게 선양한 뒤에는 아우 태종이 인문공예 상왕仁文恭睿 上王으로 호號를 올렸고, 사후 조선 중후기까지 시호인 공정대왕恭靖大王으로 불리다가 숙종 때 정식으로 묘호와 시호를 올려 정종공정의문장무온인순효대왕定宗恭靖懿文莊武溫仁順孝大王으로 불리게 됐다.

정안왕후 김씨와의 사이에는 자손이 없었고 숙의淑義 윤씨尹氏와의 사이에 수도군守道君, 임언

---

* 全州李氏 守道君派譜編輯委員會(2013), 全州李氏 守道君派譜, (株)家乘미디어, 참조.

군林堰君, 석보군石保君, 장천군長川君과 인천옹주仁川翁主를 두었다.

조선의 왕족의 품계는 왕의 아들은 적자의 경우 대군大君, 손자는 군君, 증손은 정正, 고손은 부정副正의 품계를 받고 출사를 못하는 대신 국가에서 녹봉을 지급받았다.

이헌충의 고조부이신 수도군은 묘소가 미아리에 모셨던 것을 이헌충의 묘소가 있는 포천시 소흘읍 무림리 현재 자리에 1870년 경 천묘를 하였고, 그 장손되는 후손들의 묘소 역시 수도군 묘하에 모시고 있고 조정에서 내려주신 불천지위 사당인 묵은사默隱祠에 숙의 윤씨와 수도군 위패를 모시고 매년 한식제향을 봉행하고 있다.

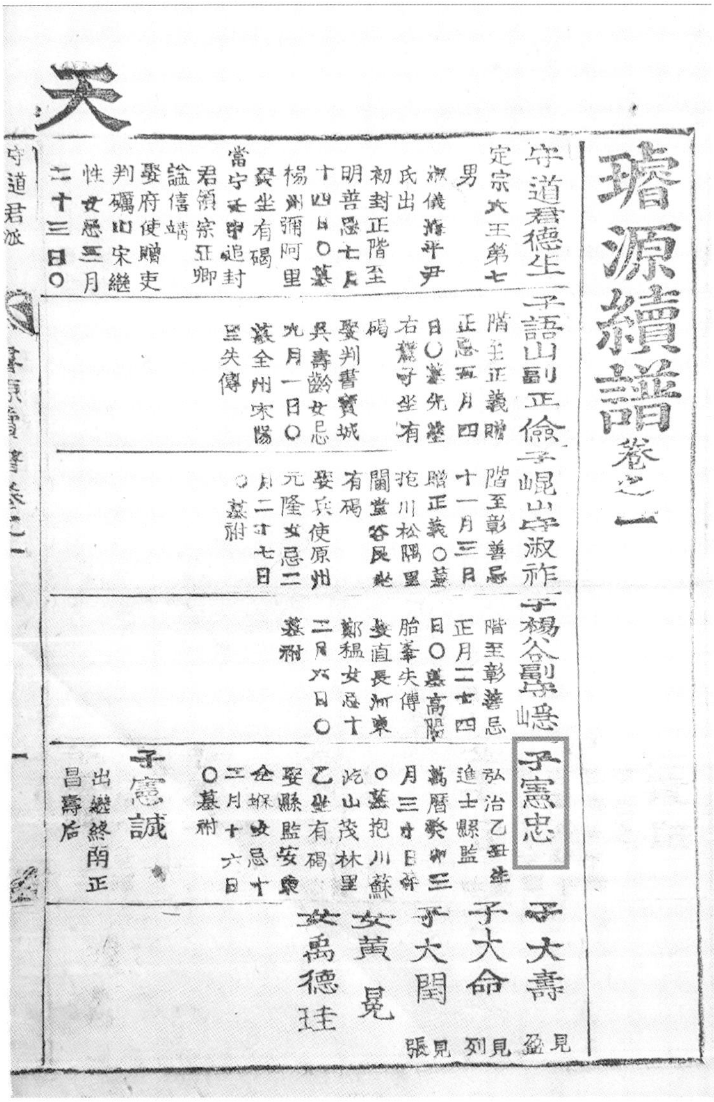

수도군에서 이헌충에 이르는 계보『선원속보璿源續譜』券之一(1864)

왕족들은 4세손 이후 출사를 하게 되어 수도군의 종손인 이헌충도 중종中宗 17년1522 임오壬午 식년시式年試[진사]에 급제하여 금오랑金五郎으로 출사하시어 전의현감全義縣監 호조좌랑戶曹佐郎 사복시 주부司僕寺 主簿 공조좌랑工曹佐郎을 역임하였다. 공의 배위는 안동김씨 보堡의 따님으로 슬하에 3남 2녀를 두었는데 장남은 대수大壽, 차남은 대명大明, 3남은 대윤大潤이며 장녀는 황면黃冕에게 출가하고 차녀는 우덕규禹德珪에게 출가하였다. 선조 계묘1603년 3월 30일에 98세에 졸하시어 수도군 묘하 우측인 경기도 포천시 소흘읍 무림리 을좌에 쌍분으로 모셨다가 자리가 불리하여 수도군 묘소 아래로 천장하는 과정에 묘소에 물이 그득하여 부득이 수도군 묘하로 천장을 하게 되었다.

전주이씨全州李氏 세계世系

	정종대왕 定宗大王				
1世	수도군 이덕생(정종의 7男) 守道君 李德生 : ~1449	여성군부인 여산송씨 礪城郡夫人 驪山宋氏			
2世	어산정 이검 語山正 李儉 : ~1444	배위 현부인 보성오씨 縣夫人 寶城吳氏			
3世	곤산정 이숙조 昆山正 李淑祚				
4世	양곡부수 이은 楊谷副守 李𡾟	하동정씨 河東鄭氏			
5世	**헌충** **憲忠 : 1505~1603**	**안동김씨** **安東金氏 : 1505生**			
6世	대수 大壽	대명 大明	대윤 大潤	장녀 출가 黃冕	차녀 출가 禹德珪
7世	호익 好益				
8世	삼변 三變				
9世	양진 陽進				
10世	영월군수 순원 寧越郡守 舜元				
11世	예조정랑 만근 禮曹正郎 萬根				
⋮	⋮				
19世	병창 丙昌 : 1954生 : 유물 기증자				

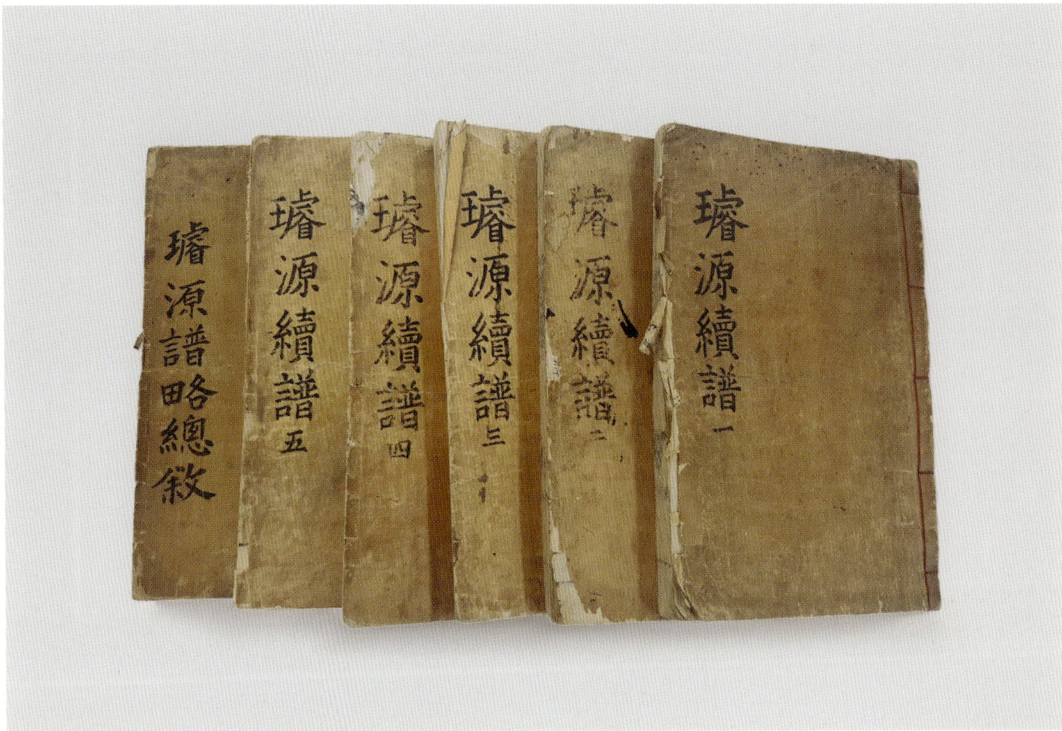

『선원속보璿源續譜』와 『선원보략총서璿源譜略總敍』

1864년, 이병창 소장.
5권 5책의 『선원속보』는 고종 1년에 간행된 정종자손록 수도군파 계보이며, 『선원보략총서』 1책 1권은 왕실 계보이다.

백자삼이호白磁三耳壺

출토지: 경기도 포천시 소흘읍 무림리 산 89번지
출토일: 2009년 10월 7일
전주이씨 수도군파 이헌충의 묘에서 출토된 백자삼이호백자 세귀 항아리이다. 관 앞쪽 면에서 출토되었다고 전해진다. 꼭지가 달린 뚜껑이 함께 있었다고 전해지지만 현재 뚜껑의 소장처는 알 수 없다. 기형은 견부어깨에서 급격히 벌어졌다가 곡선을 이루면서 좁아지고, 저부 부근에서 약간 반전되었다가 굽으로 이어지는 형태이다. 견부어깨에 'C'자형의 고리가 세 군데 달려 있었지만 현재는 한 군데만 남아 있다. 굽은 수직굽에 가깝고, 굽 접지면을 깨끗이 닦아 내어 번조받침은 확인하기 어렵다. 이러한 형태의 호는 조선시대에 태胎를 보관하는 용도로 많이 사용되었다. 전체적인 형태와 제작 양상이 선조宣祖의 태를 보관한 태호와 유사하여 제작 시기는 16세기 중·후반으로 추정된다. – 글. 오호석(석주선기념박물관)

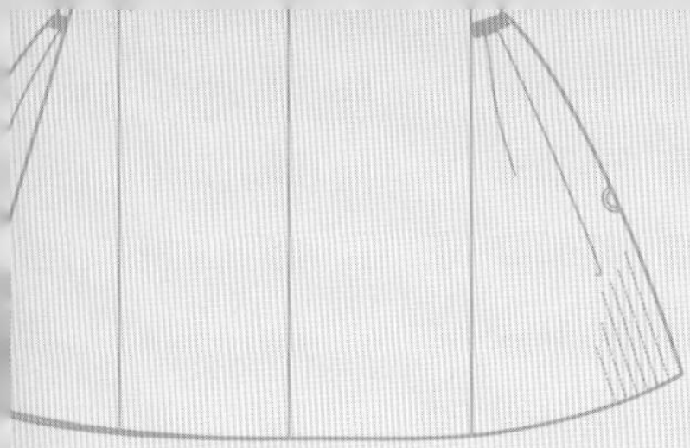

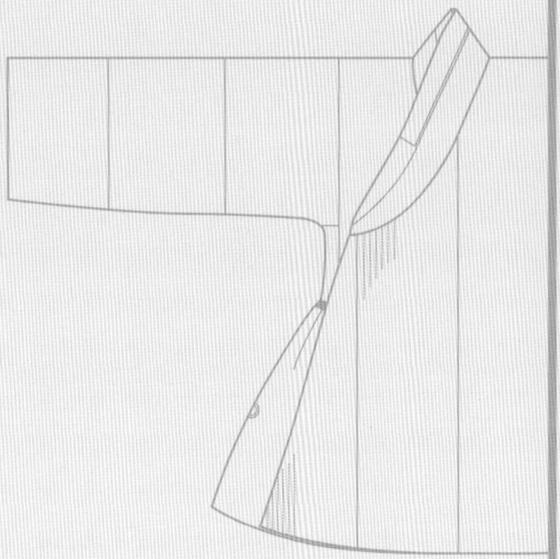

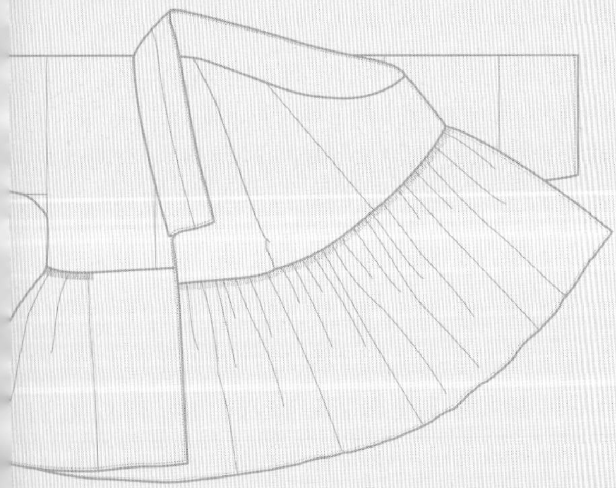

이헌충李憲忠: 1505~1603 묘 출토 유물

이헌충李憲忠: 1505~1603 묘 출토 유물

이헌충 공의 무덤에서 출토된 유물은 총 20점이다. 수습 당시의 모습은 회곽에 둘러싸여 있었으며 관 속은 물에 가득 차 있었다고 한다. 문중에서 작업 중에 급하게 수습하였기 때문에 염습 과정은 확보되지 못하였고, 이헌충 공의 유물은 별도 분리하여 보관하였다.

유물 종류는 명정 1점, 답호 2점, 철릭 4점, 액주름 1점, 바지 2점, 조대 2점, 이불 1점, 구의 1점, 관내의 조각 1점, 멱목 1점, 소매겹1, 홑1 2쌍, 옷감 조각 2점이다. 이 가운데 답호, 철릭, 액주름은 깃 모양이 이중 깃 형태에 끝 잘린 칼깃 모양이며, 겨드랑이 밑 길이가 평균 17cm 길이로 긴 편이다. 그리고 철릭은 상의上衣와 하의下衣의 길이가 평균 1.19 : 1 비율로 상의의 길이가 긴 편이다. 이러한 현상은 1500년대 전반기 유물에서 보이는 특징으로 이헌충 공이 98세까지 생존하였기 때문에 복식의 시대 분포가 넓은 것으로 추정된다.

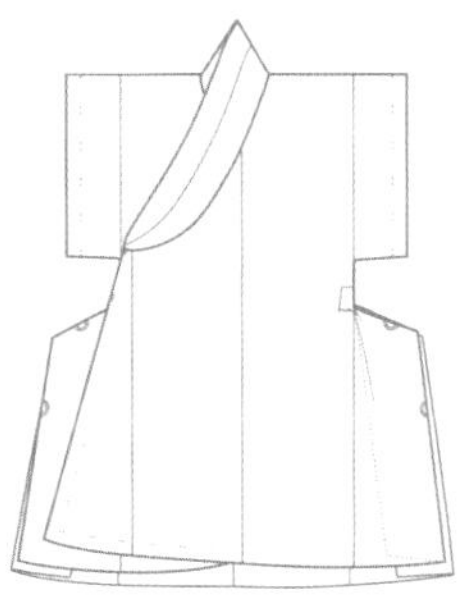

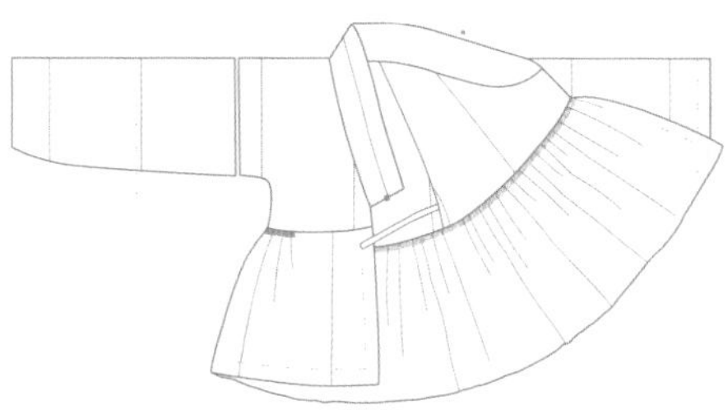

No.11470 **명정** 銘旌

Myeongjeong, Funeral banner

초綃: 얇은 평견직물 | 길이 201cm, 너비 62cm

장사를 지낼 때 죽은 사람의 성명을 적어 신분을 밝혀 놓은 명기銘旗이다. 하관下棺을 마치면 축軸을 제거하고 명정을 관 위에 씌워서 묻어준다. 유물은 이헌충의 신분을 알 수 있도록 품계-관직-본관 성씨의 순서로 '通訓大夫 行 工曹正郎 李公之柩'를 얇은 평견직물에 묵서하였다. 이헌충은 정3품 동반 문관의 당하관 최상의 품계이나 실제 임무는 그보다 낮은 정5품 관직인 공조정랑의 임무를 수행하였다.

No.11471 **답호** 褡護

Da-po, Man's coat with half sleeves

명주 | 뒤 길이 144.5cm, 앞길이 136cm, 화장 50cm, 뒤품 68cm, 진동 52.5cm, 수구 51cm

1600년대 전반까지 관리들이 관복의 받침옷으로 입거나, 일상에서 겉옷 위에 덧입던 반소매형 옷이다.
유물은 짧은 소매에 앞 길이가 뒤보다 짧은 전단후장前短後長형으로 전형적인 1500년대 전반기 양식을 보인다. 명주를 겹으로 하여 만든 옷으로, 깃 모양은 이중선이면서 끝이 잘린 칼깃 형태이다. 겉섶은 명주를 폭 반을 이어 붙인 이중섶 형태를 나타낸다. 소매는 어깨에서 시작하는 길이가 16cm 정도로 매우 짧다. 겨드랑이 끝에서 17cm 정도 길게 내려와서 옆선에 무가 달렸으며, 무 시작점에 부착한 바대는 겉으로 드러나 박음질 되어 있다. 무는 상부가 하향 삼각 형태이고 2중으로 접어주었다. 무 상부는 안주름과 바깥무로 구성되었고, 무 아래쪽은 접혀 있지 않고 자연스럽게 펼쳐진 형태이다. 고름은 두쌍고름의 흔적만 남아 있으며 동정도 소실된 상태이다.

답호

No.11471

겉섶 펼침 | 바깥무 안쪽으로 접어준 안주름이 보임

겉섶과 안섶 펼침

답호

No.11471

뒷길 | 접힌 자국이 없이 펼쳐진 무하부

무 안쪽 모습

No.11472 답호 褡護

Da-po, Man's coat with half sleeves

명주 | 뒤 길이 141.5cm, 화장 50cm, 뒤품 68cm, 진동 48cm, 수구 47.5cm

소매가 매우 짧고 앞과 뒤의 길이가 동일한 모양의 답호이다. 겉감과 안감을 명주로 만든 겹옷이다. 어깨에서 시작하는 소매 길이가 16.5cm 정도로 매우 짧은 점, 깃이 이중선이면서 끝이 잘린 칼깃 형태, 무의 모양이 상부가 하향 삼각형태이고 옆선을 기준하여 길 안쪽으로 접힌 안주름[너비 5㎝]과 옆선에서 바깥으로 이어져 접힌 바깥무로 구성된 점 등이 전형적인 1500년대 전반기 양식을 보인다. No.11471 답호와 비교했을 때 옷길이 형태만 다르고 같은 양식을 보인다.

답호
No.11472

겉섶 펼침

뒷길 모습

No.11473 철릭 天翼

Cheolrik, Man's coat with pleats

명주 | 뒤 길이 125cm上66.5 + 下58.5 , 화장 125cm, 뒤품 67cm, 진동 46cm, 수구 34.5cm

통수형 상의上衣와 주름 잡은 치마형 하의下衣가 연결된 모양의 옷으로, 조선 중기까지 남자들이 평상복으로 입었으며 백관이 관복 받침옷이나 융복戎服으로도 입었다. 유물은 명주를 겹으로 하여 만들었다. 상의가 하의보다 길어, 전형적인 1500년대 전반기 철릭 양식이다. 깃 모양은 이중선이면서 끝이 잘린 칼깃에 5.7cm 너비의 동정을 달아주었다. 소매는 길이가 길고 통수형이다. 겨드랑이에서 옆선의 16.5cm 정도 내려와서 주름 잡힌 하의를 달아주었는데, 하의는 옷감 13폭을 이어 붙여 치마처럼 허리선에서 정교하게 잔주름을 잡아주었고, 안감 주름은 그보다 넓은 편이다. 상의에 하의를 부착할 때 안섶쪽의 24.5㎝까지는 주름을 잡지 않았다. 겉섶 끝과 오른쪽 뒷면 옆선쪽에 4.5cm 너비 넓은 고름과 2cm 너비 좁은 고름 흔적만 남아 있다. 옷을 완성한 후 깃, 수구, 도련의 가장자리를 2땀 상침으로 마무리하였다.

철릭

No.11473

겉섶 펼침

뒷길 모습

철릭
No.11473

겉섶과 안섶 펼침 | 안깃은 단깃으로 구성됨

겉길의 정교한 잔주름

No.11474 철릭 天翼

Cheolrik, Man's coat with pleats

명주, 연화문단 | 뒤 길이 128.5cm上70 + 下57.5 , 화장 123.5cm, 뒤품 66.5cm, 진동 47.5cm, 수구 37.5cm

겉감과 안감을 명주로 만든 겹옷이다. 상의와 잔주름 잡은 하의가 허리선에서 부착되어 있으며, 활을 쏘기에 편리하도록 양쪽 소매가 탈착식으로 구성되어 있다. 깃 모양은 이중선이면서 끝이 잘린 직령 깃에 5.5cm 너비의 동정 흔적이 남아있다. 겉깃 아래와 오른쪽 옆선 뒤쪽에 직접 부착형 고름 2쌍이 직사각 형태의 연화문단 고름 바대 위에 박음질 되었던 흔적이 남아 있으며, 속고름은 왼쪽에 한 개만 남아 있다. 소매는 몸통에 부착된 짧은 소매와, 별도의 긴 소매가 단추를 이용하여 탈부착이 가능하도록 구성되었다. 몸통쪽 화장은 45cm, 긴소매는 85cm의 길이로서 몸통쪽에 암단추, 긴 소매 쪽에 수단추가 앞 3쌍, 뒤 3쌍, 상하 1쌍씩 모두 8쌍을 달았다. 단추는 쌍밀이 형식이다. 진동점에서 옆선으로 20cm 정도 내려와서 허리선에서 잔주름 잡힌 하의를 달아주었고, 이때 안섶 쪽의 25.5㎝까지는 주름을 잡지 않았다. 옷을 완성한 후 수구, 도련의 가장자리를 2땀 상침으로 마무리하였다. 허리선을 기준하여 위와 아래가 1.21 : 1의 비율로 상의가 길다. 1500년대 전반기로 추정되는 옷이다.

철릭

No.11474

겉섶 펼침 | 겉주름보다 넓게 주름 잡은 안주름과 속고름 모습

뒷길 모습

철릭
No.11474

무바대 | 연화문단 무바대에 두쌍고름 흔적이 남아 있음

철릭
No.11474

탈착식 소매 모습 | 8쌍 쌍밀이 단추와 소매 안단을 덧댄 모습.

No.11475 **철릭** 天翼

Cheolrik, Man's coat with pleats

명주 | 뒤 길이 123cm上67 + 下56 , 화장 124cm, 뒤품 67cm, 진동 43.5cm, 수구 35cm

겉감과 안감을 명주로 사용하여 만든 옷으로 현재 겹옷 상태이다. 상의[衣]와 허리 춤에 잔주름을 준 하의[裳]로 구성되어 있으며 상의가 하의보다 1.19 : 1의 비율로 다소 긴 편으로 1500년대 전반기 유물로 추정된다. 깃 모양이 이중선이고 끝 잘린 칼깃 모양을 하고 있다. 소매는 길이가 길고 통수형이며 겨드랑 아래 옆선에 작은 사각 접은 삼각무가 달려 있다. 겉깃 아래와 오른쪽 옆선 뒤쪽에는 너비 2cm와 6cm의 직접 부착형 고름 2쌍이 부착되었던 흔적이 있으며, 너비 1.8cm 속고름 흔적도 남아 있다. 하의는 14폭을 이어 만들어 0.2cm 잔주름을 잡았고, 안감은 1㎝ 내외로 넓게 주름 잡았다. 상의에 하의를 부착할 때 안섶쪽의 25.5㎝ 정도까지는 주름이 없다. 옷을 완성된 후 깃, 수구, 섶, 도련의 가장자리는 끝에서 0.8㎝ 들어가서 곱게 홈질로 둘러주었다. 주로 솜옷의 가장자리를 마무리하는 바느질 기법으로, 이 유물은 현재는 솜이 퇴화되어 없으나 옷을 제작하였을 당시에는 솜 철릭이었을 가능성이 있다.

철릭

No. 11475

겉섶 펼침 | 안섶쪽 25.5cm는 주름을 잡지 않음

뒷길 모습

철릭

No.11475

겨드랑이 사각 접은 삼각무

No.11476 **철릭** 天翼

Cheolrik, Man's coat with pleats

명주 | 뒤 길이 125cm上69 + 下56 , 화장 123cm, 뒤품 67cm, 진동 45.5cm, 수구 34.5cm

겉감과 안감을 명주로 만든 겹옷이다. 활을 쏘기에 편리하도록 양쪽 소매가 탈착식으로 구성되어 끈으로 소매를 여밈할 수 있도록 하였다. 깃 모양은 이중선이면서 끝이 잘린 칼깃 형태이며 6cm 너비의 동정이 달렸던 흔적이 남아 있다. 소매는 몸통에 부착된 짧은 소매와 별도의 긴 소매로 구성되어 너비 0.5cm, 길이 14.7cm의 끈을 이용하여 탈부착이 가능하도록 하였다. 이 유물은 모양이 이중선이면서 끝이 잘린 칼깃, 상의와 하상이 1.22 : 1의 비율로 상의가 길며, 18cm의 긴 옆구리, 두쌍고름 구성 등으로 1500년대 전반기로 추정되는 옷이다.

철릭
No.11476

겉섶 펼침

뒷길 모습

철릭
No.11476

8쌍의 끈으로 여밈하는 탈착식 소매

No.11477 **액주름**腋注音

Aegjuleum, Man's Coat with side pleats

명주 | 뒤 길이 120.5cm, 화장 118cm, 뒤품 69cm, 진동 41.5cm, 수구 34.7cm

임란 직후까지 남자들이 입은 일상복의 하나로, 신분 낮은 자들이 외출복으로도 입었다. 겨드랑이 아래에 주름이 잡혀 있는 것이 특징이다. 유물은 겉감과 안감을 명주로 하고 사이에 솜을 두어 2cm 내외 간격으로 줄줄이 누벼준 누비옷이다. 현재는 솜이 퇴화되어 겹 상태로 남아 있다. 깃 모양은 끝 잘린 이중 칼깃 형태이며, 넓은 깃에 5.5cm 너비의 동정을 달아주었다. 진동점에서 주름선까지의 옆선 길이가 20cm 정도로 긴 편이며, 겨드랑 아래에는 작은 사다리꼴 무가 달렸다. 허리선 아래 옆선에는 무를 달아 상부를 잔주름 잡아주었는데 무는 사다리꼴+직사각형-사다리꼴로 구성되었다. 겉깃과 오른쪽 옆선에는 넓은 고름과 좁은 고름의 두쌍고름을 달았던 흔적이 남아 있다. 도련은 눈썹단으로 마무리하였다.

액주름

No.11477

겉섶 펼침

뒷길 모습

No.11478 세가닥 바지 袴

Baji, Pants with three pant legs

명주 | 총길이 102.5cm, 허리둘레 57cm, 겉가닥 길이 86.8cm, 겉가닥 부리 65cm, 속가닥 길이 65.5cm, 속가닥 부리 65cm

가랑이가 3가닥으로 구성된 특이한 형태의 바지이다. 옷감 사이에 솜을 두어 1.6cm 간격으로 누벼주었다. 짧은 가닥과 긴 가닥으로 만든 단속곳 형태의 합당고(合襠袴: 밑 막힌 바지)를 만든 후 짧은 쪽에 개당고(開襠袴: 밑트인 바지) 긴 바지 가닥을 겹치도록 만든 옷이다. 바지 한 쪽은 길이가 긴 것과 짧은 바지 가닥이 겹쳐져 2중으로 완성된다.

세가닥 바지
No.11478

앞면

뒷면

세가닥 바지
No. 11478

옆트임

세가닥 바지

No. 11478

겉가닥의 삼각형 당 모습

No.11479 **바지** 開襠袴

Baji, Pants with open crotch

명주 | 총길이 113cm, 허리둘레 117cm, 바지통 61cm, 부리 61cm, 밑 위 길이 41cm, 밑 아래 길이 34cm

겉감과 안감을 명주를 사용하여 만든 개당고형 솜바지이다. 허리 트임은 뒤 부분에 있으며 밑이 트인 바지 가랑이 좌우에 사각 접은 삼각무가 달린 것이 특징이다. 옷감 2폭 반을 이용하여 바지통을 각각 만들고 허리선 중심에서 아래로 41㎝ 내려와서 사각접은 삼각무를 좌우로 달아 주었다. 바지 상부를 주름 잡은 후 좌우측의 상부가 15㎝ 정도 겹치도록 하여 허리말기를 달았다. 허리끈은 소실되어 너비 6cm의 흔적이 남아 있다. 바지 부리의 가장자리에서 4cm 올라간 지점에 드문드문 2땀 상침을 둘렀다.

바지

No.11479

뒷면

삼각형 당 모습

No.11480 조대 條帶

Jo-dae, Waist cord made of *dahoe*

견사 | 길이 780cm, 굵기 0.3cm, 술 길이 3.5cm

이헌충 공이 입고 있던 답호[No.11472]의 허리에 둘러져 있었던 허리띠이다. 속심으로 넣어준 면사(綿絲)가 소실되어 겉면만 남아 있다. 16사(絲) 원다회(圓多繪)를 둥근 형태로 만든 후 방울술[方兀蘇兀]을 만들어 끈에 걸어 술을 완성하였다.

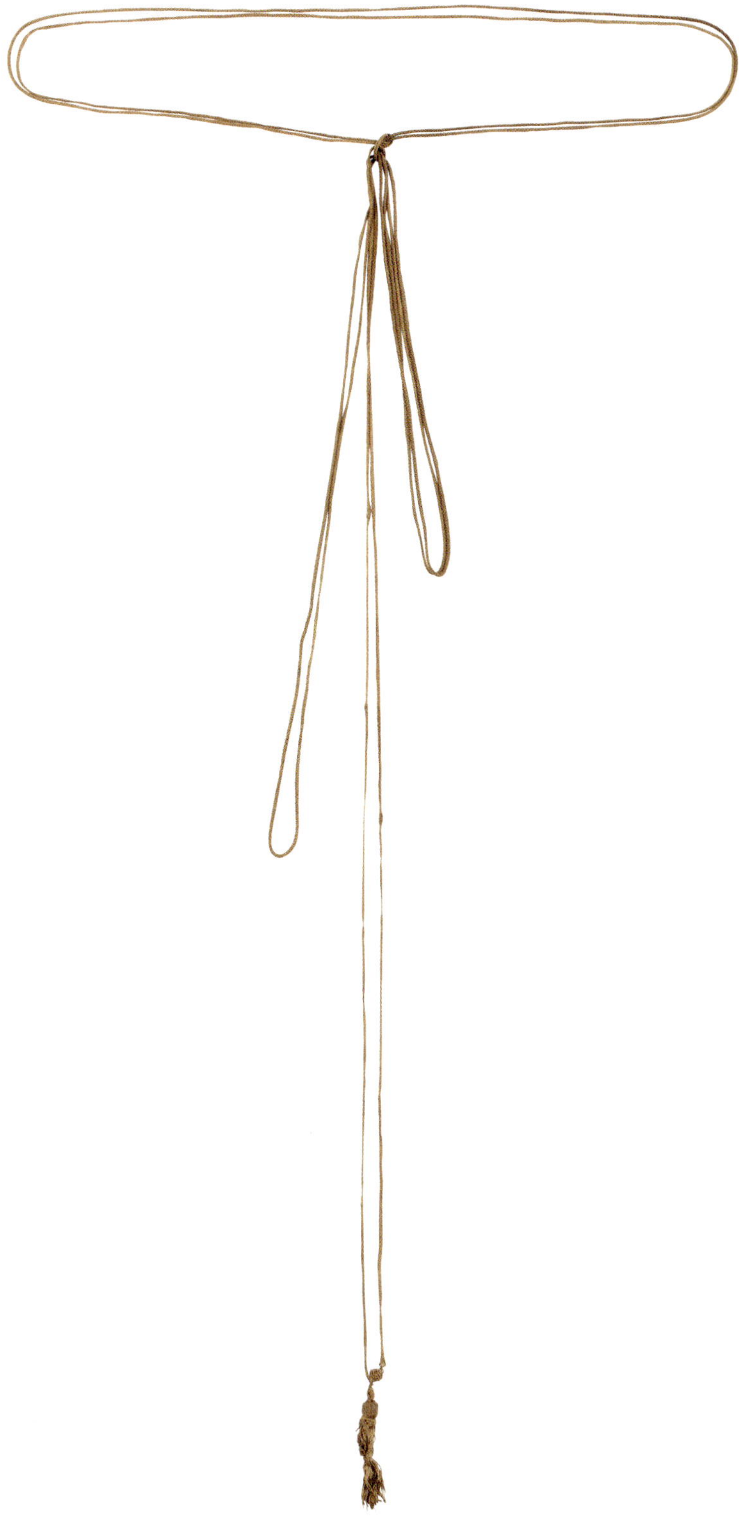

No.11481 조대 條帶

Jo-dae, Waist cord made of *dahoe*

크기: 길이 720cm, 굵기 0.4cm

No.11482 이불 衾

명주 | 길이 212cm, 너비 220cm

No.11483 구의

명주 | 가로 65cm, 세로 427cm

No.11484 관내의

명주 | 가로 42cm, 세로 163cm

No. 11485

No. 11486

No.11485 멱목

명주 | 가로 34cm, 세로 33cm

No.11486 소매 1쌍(겹)

명주 | 길이 85cm, 너비 45cm

No.11487 소매 1쌍(홑)

명주 | 길이 63cm, 너비 33.5cm

No.11489 상색 옷감 조각

명주 | 길이 102cm, 폭 33.5cm

No.11488 진갈색 옷감 조각

명주 | 길이 99cm, 폭 34cm

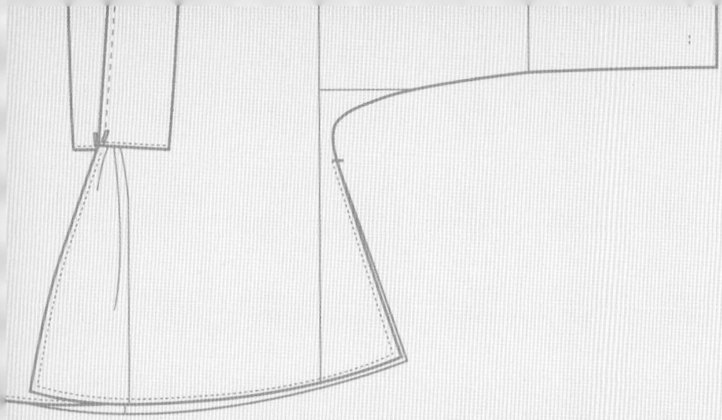

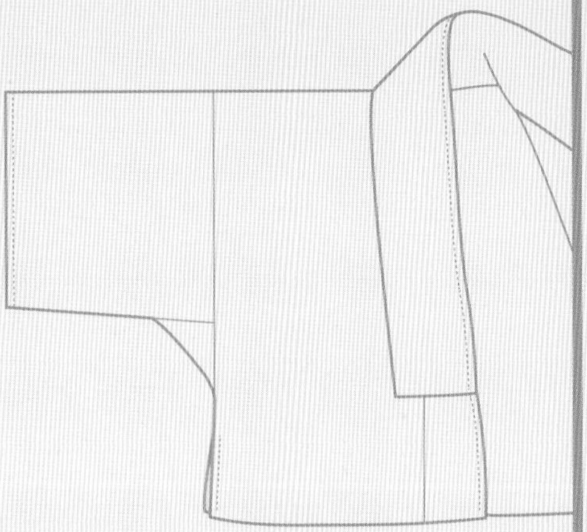

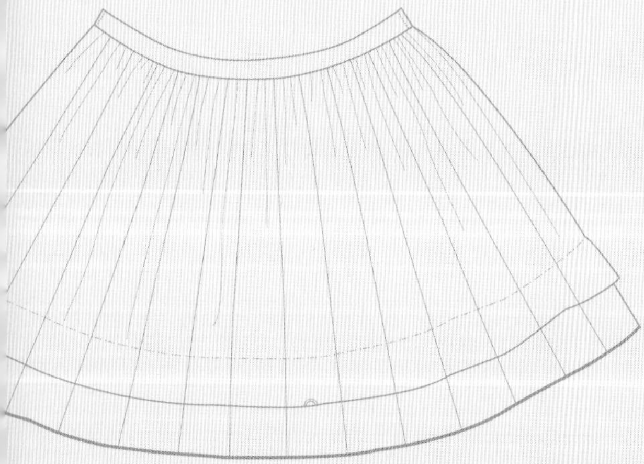

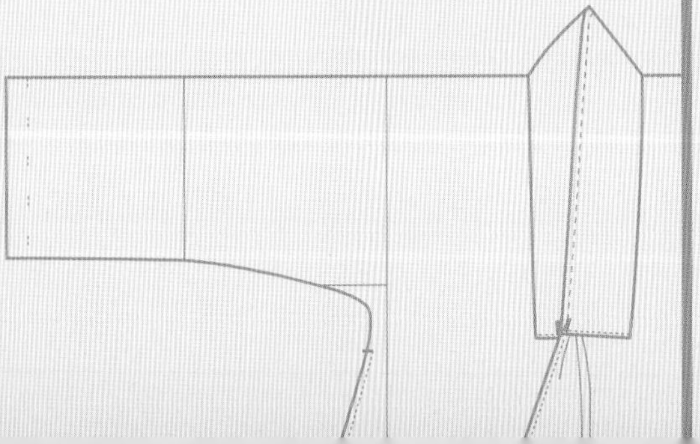

안동김씨安東金氏: 1505년 생 묘
출토 유물

안동김씨安東金氏: 1505년 생 묘 출토 유물

이헌충 공의 부인 안동김씨1505년 生 무덤에서 출토된 유물은 총 8점이다. 유물 종류는 장저고리 2점, 저고리 1점, 적삼 1점, 치마 2점, 치마 조각 2점이다. 묘를 이장하면서 문중에서 직접 수습하였기 때문에 염습 과정은 확보되지 못하였다. 작업 시 부인의 묘는 이헌충 공의 무덤 조성보다는 소박하였다고 한다. 문중에서는 이헌충 공보다 조금 늦게 돌아가신 것으로 추정하고 있기 때문에 복식의 시대 분포가 넓을 것으로 추정된다.

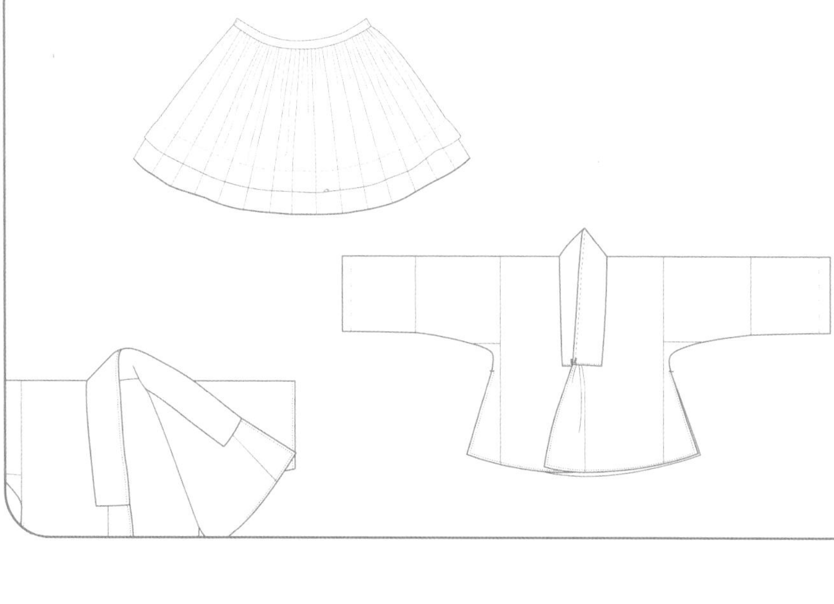

No.11490 장저고리 長赤古里

Jang-jeogori, Woman's Long Jacket about 80cm

명주 | 길이 80cm, 화장 90cm, 품 65.5cm, 진동 35.5cm, 수구 27.5cm

50㎝ 내외의 짧은 저고리를 입고 그 위에 덧입는, 길이가 긴 여성용 저고리이다. 유물은 겉감과 안감을 명주로 만든 겹옷이다. 깃의 길이가 좌우가 같은 맞깃형이고 섶머리에 주름이 잡힌 것이 특징이다. 겉깃과 안깃이 들여 달린 목판깃이며, 좌우 깃 끝에는 너비 1.7cm의 고름 흔적이 남아 있다. 옆선에는 ㄱ자형 한쪽무를 달아주어 도련 너비가 품보다 넓고, 옆선이 31㎝ 정도 트여 있다. 일자형 수구에는 4.5cm 들어가서 2땀 상침하였으며, 섶, 옆트임, 도련의 가장자리는 0.6cm 들어가서 곱게 홈질로 상침하였다. 옷 가장자리 마무리 상태로 보아 당시에는 솜옷이었던 것으로 추정된다.

장저고리
No.11490

겉섶 펼침

뒷길 모습

장저고리
No.11490

No.11491 장저고리 長赤古里

Jang-jeogori, Long Jacket about 80cm

명주 | 길이 81.5cm, 화장 91cm, 품 72cm, 진동 34cm, 수구 29.5cm

겉감과 안감을 명주로 만든 겹옷이다. 움직일 때 안자락이 보이는 것을 배려하여, 안감의 깃, 섶, 무 부위는 안감 몸판보다 섬세한 옷감을 사용하였다. 겉깃과 안깃은 내어 달린 목판깃이며, 고름은 현재 소실되어 없다. 옆선에는 ㄱ자형 무가 달리고 옆선을 34㎝ 정도 터 주었는데, 치마의 구겨짐을 방지하기 위한 것이다. 옷을 완성한 후에는 목선과 닿는 깃 가장자리는 0.7㎝ 안으로 들어가서 곱게 홈질 상침하였으며 수구, 옆트임과 도련은 안으로 들어가 4cm 간격으로 2땀 상침하여 주었다.

장저고리

No.11491

겉섶 펼침

뒷길 모습

No.11492 **저고리** 赤古里

Jeogori, Woman's Jacket

명주, 운보문단, 연화문단 | 길이 52.5cm, 화장 69.5cm, 품 67.2cm, 진동 27.5cm, 수구 24cm

치마와 함께 입는 여자의 기본 웃옷이다. 유물은 몸판을 명주로 만들고 깃, 소매 끝동, 사다리꼴무는 운보문단, 사각 접은 삼각무와 섶은 별단으로 장식하였다. 깃 모양은 겉깃은 내어달린 목판깃이고 안깃은 4cm 정도만 내어 달렸다. 소매는 완만한 일자형으로 폭을 이어 붙이고 운문단 끝동을 달았다. 옆선은 사각 접은 삼각무와 사다리꼴무의 2쪽무로 이루어져 도련이 옷 품보다 넓고 풍성하다.

저고리

No.11492

겉섶 펼침

연화문단 사각 접은 삼각무와 운보문단 사다리꼴 무

연화문단 안섶

No.11493 **적삼** 赤衫

Jeok-ssam, Jacket

명주 | 길이 58cm, 화장 61cm, 품 61cm, 진동 31cm, 수구 29cm, 트임 8cm

겉감과 안감을 명주로 만든 겹옷이다. 여름용 저고리 또는 속저고리로 입었다. 깃은 들여 달린 목판깃이며 일반 저고리보다 소매가 짧고, 겨드랑이에 사각접은 삼각무를 달아주고 옆선에 8cm 크기로 트임을 주었다. 옷을 완성한 후 가장자리를 0.3cm 들어가서 0.3cm 간격으로 홈질 상침하여 주었다.

적삼
No.11493

겉섶 펼침

겉섶과 안섶 펼침

No.11494 **치마**赤亇

Chi-ma, Skirt

명주 | 총길이 90cm, 허리둘레 77cm, 폭 484cm

겉감과 안감을 명주로 만든 겹치마로, 상부 중심을 걷어주고 하부는 접어주어 만든 특별한 옷이다. 치마 상부는 너비 152cm, 깊이 4.5cm를 걷어주고, 아래 부분은 5㎝ 단을 접어 접음단으로 둘러주었다. 도련의 끝 시접을 눈썹단으로 처리한 것이 특징이다.

치마

No.11494

거들단과 접음단 모습

No.11495 **치마** 赤亇

Chi-ma, Skirt

명주 | 총길이 98cm, 허리둘레 105cm, 폭 450cm

겉감과 안감을 명주로 만든 겹치마이다. 치마 아래 부분에 9.8㎝ 단을 접어 접음단으로 둘러주고, 도련 시접을 눈썹단으로 처리한 것이 특징이다. 접음단을 폈을 때의 치마 길이는 121cm이다.

치마

No.11495

접음단 모습

No.11496 치마 조각 6폭

명주 | 길이 90cm, 폭 180cm

No.11497 치마 조각 4폭

명주 | 길이 92cm, 폭 125cm

세가닥 바지

겉가닥의 앞뒤 방향은 임의로 부여하여 트임이 우측인 경우 '앞', 트임이 좌측일 경우 '뒤'로 표시하였습니다.

고운(1479-1530) 묘 출토 바지

앞면

뒷면

고운(1479-1530) 묘 출토 바지

옆트임

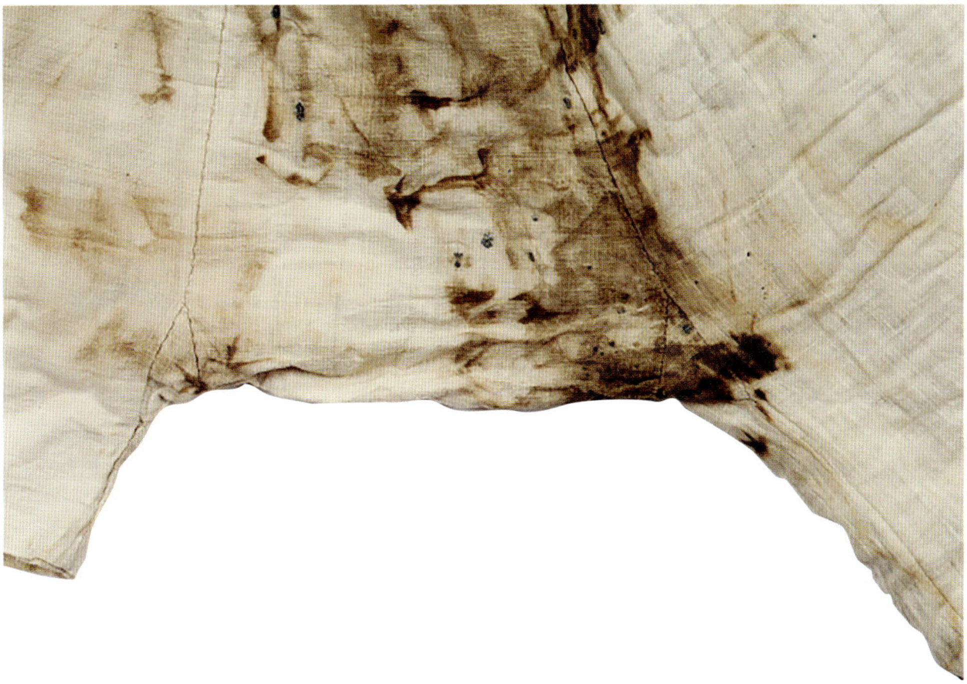

짧은 가닥 구성

임백령(1498~1546) 묘 출토 바지袴 1

Baji, Pants with three pant legs

명주 | 총길이 80.5cm, 허리둘레 54cm, 겉가닥 길이 67cm, 겉가닥 부리 59cm, 속가닥 길이 97cm, 속가닥 부리 43cm

솜을 넣고 7cm 간격으로 줄줄이 누벼준 단속곳 형 솜누비 바지이다. 현재 솜이 소실되어 겹 누비 상태로 남아 있다. 짧은 가닥과 긴 가닥으로 구성된 합당고형 바지를 만든 후 짧은 가닥의 안쪽에 개당고 형식의 긴 가닥 하나를 겹치도록 만들었다. 겉면의 짧은 가닥이 속으로 들어간 긴 가닥보다 바지 부리가 넓다.

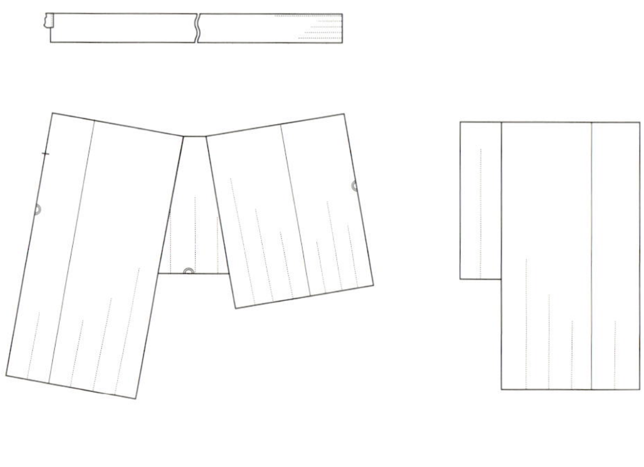

임백령(1498~1546) 묘 출토 바지 1

뒷면

옆트임

임백령(1498~1546) 묘 출토 바지 1

겉가닥의 사다리꼴 당 모습

임백령(1498~1546) 묘 출토 바지 1

뒤집은 면의 사다리꼴 당 모습

임백령(1498~1546) 묘 출토 바지袴 2

Baji, Pants with three pant legs

명주 | 총길이 85cm, 허리둘레 54cm, 겉가닥 길이 70cm, 겉가닥 부리 62cm, 속가닥 길이 98cm, 속가닥 부리 45cm

솜을 넣고 2cm 간격으로 줄줄이 누벼준 단속곳 형 솜누비 바지이다. 현재 솜이 소실되어 겹 누비 상태로 남아 있다. 짧은 가닥과 긴 가닥으로 구성된 합당고형 바지를 만든 후 짧은 가닥의 안쪽에 개당고 형식의 긴 가닥 하나를 겹치도록 만들었다. 임백령 묘 출토 세가닥 바지 1 에 비하여 합당고의 사다리꼴 당이 좁게 구성되어 있다.

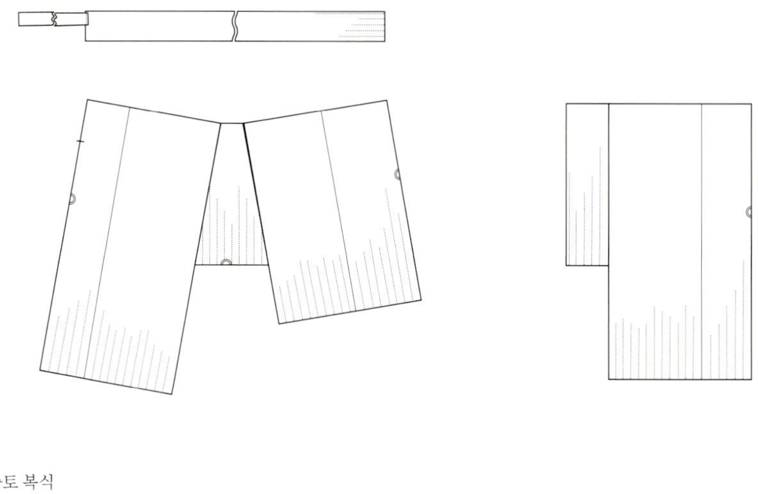

임백령(1498~1546) 묘 출토 바지 2

뒷면

옆트임

남양홍씨(1500년대 중반) 묘 출토 바지 袴

Baji, Pants with three pant legs

명주 | 총길이 106.5cm, 허리둘레 50.5cm, 겉가닥 길이 96cm, 겉가닥 부리 29.5cm, 속가닥 길이 53.5cm, 속가닥 부리 62m

솜을 두텁게 넣고 줄줄이 누벼준 솜 누비 바지이다. 짧은 가닥과 긴 가닥으로 구성된 합당고형 바지를 만든 후 짧은 가닥의 겉쪽에 개당고 형식의 긴 가닥이 겹치도록 만들었다. 길이가 긴 바지 가닥은 부리가 좁게 되어 있으며, 짧은 가닥은 부리가 넓은 단속곳 형태이다. 짧은 가닥은 속으로 들어가 있으며 옆면을 몸판보다 얇게 솜을 두어 만들었다.

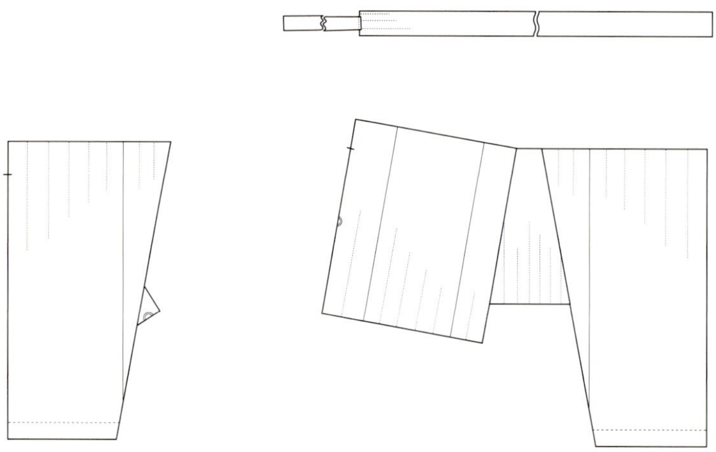

남양홍씨(1500년대 중반) 묘 출토 바지

앞면

뒷면

남양홍씨(1500년대 중반) 묘 출토 바지

옆트임

겉가닥의 삼각형 당 모습

남양홍씨(1500년대 중반) 묘 출토 바지

뒤집은 면의 짧은 가닥 모습

정응두(1508~1572) 묘 출토 바지 袴

Baji, Pants with three pant legs

명주 | 총길이 106cm, 허리둘레 62.5cm, 겉가닥 길이 59cm, 겉가닥 부리 83cm, 속가닥 길이 96cm, 속가닥 부리 41cm

솜을 두텁게 넣고 8cm 간격으로 줄줄이 누벼준 솜 누비 바지이다. 짧은 가닥과 긴 가닥으로 구성된 합당고형 바지를 만든 후 짧은 가닥의 안쪽에 개당고 형식의 긴 가닥이 겹치도록 만들었다. 겉면의 짧은 가닥은 긴 가닥보다 바지 부리가 넓으며 옆구리 쪽은 솜을 두지 않은 겹 상태이다.

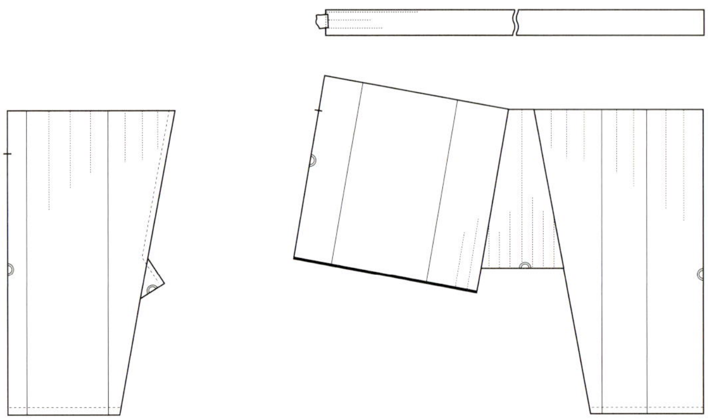

정응두(1508~1572) 묘 출토 바지

뒷면

겉면의 사다리꼴 당 모습

정응두(1508~1572) 묘 출토 바지

옆트임

부리의 안단 모습

정응두(1508~1572) 묘 출토 바지

뒤집은 면의 긴 가닥과 삼각형 당 모습

벽진이씨(1585卒) 묘 출토 바지 袴

Bajī, Pants with three pant legs

면포 | 총길이 84cm, 허리둘레 54cm, 겉가닥 길이 74cm, 겉가닥 부리 57cm, 속가닥 길이 52cm, 속가닥 부리 68.5cm
국립 경북대학교 박물관 소장

솜을 얇게 넣고 줄줄이 누벼준 단속곳 형 솜 누비 바지이다. 짧은 가닥과 긴 가닥으로 구성된 합당고형 바지를 만든 후 짧은 가닥의 겉쪽에 개당고 형식의 긴 가닥이 겹치도록 만들었다. 짧은 가닥이 속으로 들어가 있는 형태로 짧은 가닥은 누비지 않고 겹으로 만들었다. 허리말기에는 모시로 된 어깨끈을 달았던 흔적이 남아 있으며, 앞면 좌우측 자락에 면사를 꼬아서 만든 끈이 달려 있다.

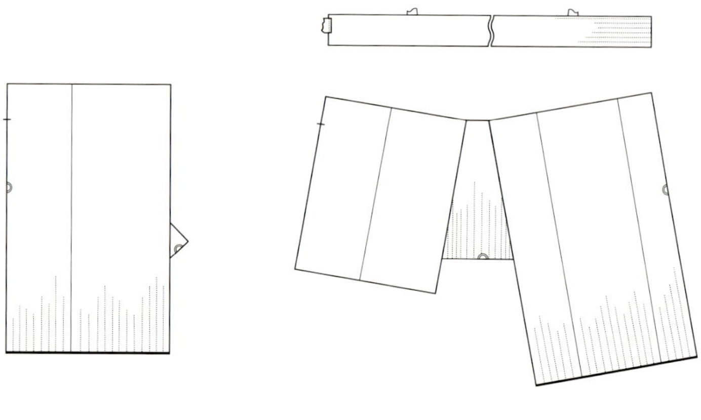

벽진이씨(1585卒) 묘 출토 바지

앞면

뒷면

벽진이씨(1585卒) 묘 출토 바지

옆트임

허리 말기에 부착된 어깨끈

벽진이씨(1585卒) 묘 출토 바지

겉가닥의 삼각형 당 모습

부리의 눈썹단

한산이씨(1600년대 초) 묘 출토 바지 袴

Baji, Pants with three pant legs

면포 | 총길이 106.5cm, 허리둘레 56cm, 겉가닥 길이 96cm, 겉가닥 부리 30.5cm, 속가닥 길이 52cm, 속가닥 부리 51.5cm
대전시립박물관 소장

솜을 두텁게 넣어 만든 단속곳 형 솜바지이다. 짧은 가닥과 긴 가닥으로 구성된 합당고형 바지를 만든 후 짧은 가닥의 겉쪽에 개당고 형식의 긴 가닥이 겹치도록 만들었다. 길이가 긴 바지 가닥은 부리가 좁게 되어 있으며, 짧은 가닥은 부리가 넓은 단속곳 형태이다. 속으로 들어가 구성되어 있는 짧은 가닥은 솜을 두지 않고 겹으로 만들었다.

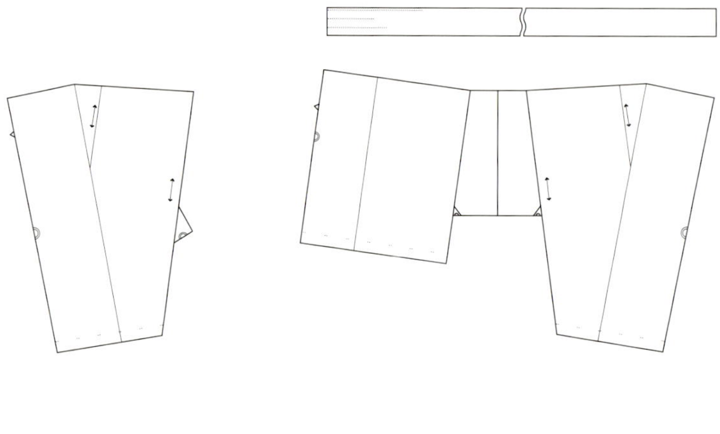

한산이씨(1600년대 초) 묘 출토 바지

뒷면

옆트임

윤선언(1580~1628) 묘 출토 바지 袴

Baji, Pants with three pant legs

명주 | 총길이 100.5cm, 허리둘레 46cm, 겉가닥 길이 90cm, 겉가닥 부리 52cm, 속가닥 길이 65cm, 속가닥 부리 69cm

솜을 두텁게 넣고 줄줄이 누벼준 솜 누비 바지이나 현재는 면솜이 소실되어 겹누비 상태로 남아 있는 바지이다. 짧은 가닥과 긴 가닥으로 구성된 합당고형 바지를 만든 후 짧은 가닥의 겉쪽에 개당고 형식의 긴 가닥이 겹치도록 만들었다. 짧은 가닥이 속으로 들어가 있는 형태로 짧은 가닥은 누비지 않고 겹으로 만들었다.

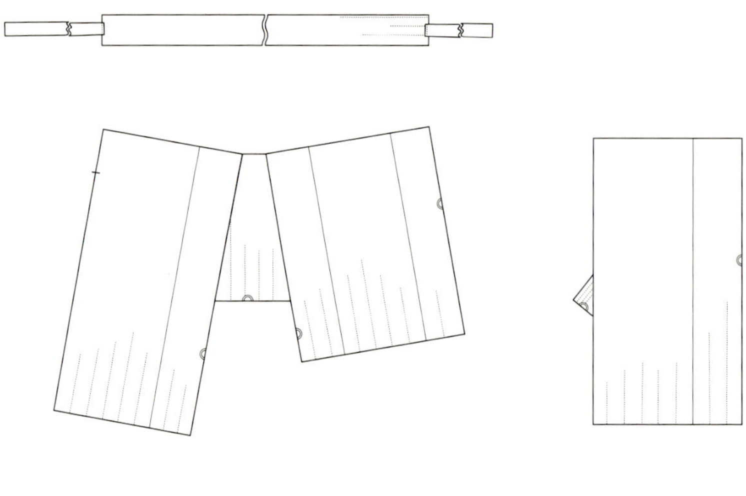

윤선언(1580~1628) 묘 출토 바지

앞면

뒷면

윤선언(1580~1628) 묘 출토 바지

옆트임

겉면에서 본 당 모습

윤선언(1580~1628) 묘 출토 바지

뒤집은 모습

논고

경기도 포천 소재 이헌충 공과 배위 안동김씨 묘 출토 복식 · 이명은

조선시대 세가닥 바지 · 황진영

경기도 포천 소재 이헌충 공과 배위 안동김씨 묘 출토 복식

이명은 석주선기념박물관

Ⅰ. 머리말

2009년 10월 7일, 경기도 포천시 소흘읍 무림리 산 89번지에 있는 전주이씨 수도군파守道君派 문중 선산에서 조선 2대 임금 정종定宗 의 7남男인 수도군守道君의 고손자高孫子, 이헌충李憲忠: 1505~1603과 부인 안동김씨安東金氏: 1505년생의 분묘 이전 작업이 진행되었다. 이헌충 공이 선조宣祖 계묘癸卯년 3월 30일에 98세로 돌아가시자 수도군의 묘 아래쪽 우측에 모셨으며, 이후에 돌아가신 것으로 추정되는 부인 안동김씨도 그 옆자리에 쌍분으로 모셔져 있었다. 최근에 후손들이 보기에 묘터가 그늘져 불리하여 수도군 묘소 두 단계 아래쪽의 햇빛이 드는 곳으로 이장하기로 하여 작업이 시작되었다.

포크레인을 이용하여 이헌충 공의 묘부터 작업을 하던 중에 일반적으로 지석이 놓이는 위치의 묘 앞쪽 자리에서 태항아리로 추정되는 도자기 1점과 뚜껑으로 추정되는 접시 1점이 발견되어 수습하였으며 이는 현재 문중에서 소장 중이다. 또한 회곽으로 둘러싸이고 물이 고여 있던 관 속에서 복식 관련 유물이 발견되었다. 유물은 복식 전문가의 참여 없이 인부들에 의해 수습되었으며 이장 작업이 완료되어 수도군 묘의 아래쪽에 위치한 새 묘터로 옮기고 안동김씨와 함께 합장으로 모셨다. 수습한 유물은 이장한 다음날 석주선기념박물관에 이관되어 보존처리를 거쳤으며, 완형을 갖춘 유물은 총 28점으로 이헌충 묘에서 20점, 안동김씨 묘에서 8점이 수습되었다.

이 글은 이헌충 공과 안동김씨의 묘에서 출토된 유물에 대하여 복식 구성을 면밀히 분석하고 종류별 특성을 파악하는 데 초점을 맞추었다.

II. 이헌충 묘 출토 유물

관처럼 만든 회곽으로 둘러싸인 관 뚜껑을 열었더니 물이 가득 차 있었으며 관 안의 내용물은 바닥에 내려앉은 상태였다. 옷을 낫으로 자르고 시신을 보니 육탈이 되지 않은 상태였으며 상투까지도 그대로 남아 있었다고 한다. 이헌충李憲忠 공의 묘에서 출토된 유물은 총 20점이다. 종류는 명정 1점, 답호 2점, 철릭 4점, 액주름 1점, 바지 2점, 조대 2점, 이불 1점, 구의 1점, 관내의 조각, 멱목 1점, 소매겹 1쌍, 소매홑 1쌍, 옷감 조각 2점이다. 이 가운데 복식류는 모두 12점이며 나머지는 염습에 사용된 제구들과 짝을 알 수 없는 옷감 조각들이다. [표 1 참조]

[표 1] 이헌충 묘 출토 유물 목록

순번	유물 번호	유물 명칭	구성	소재 겉/안	뒷길이 /총길이	화장 /허리둘레	뒤품 /바지부리	진동	수구
1	B11470	명정	홑	綃	가로 201	세로62			
2	B11471	답호	겹	紬	앞136 뒤144.5	50	68	52.5	51
3	B11472	답호	겹	紬	141.5	50.5	68	48	47.5
4	B11473	철릭	겹	紬	125 66.5+58.5	123.5	67	46	34.5
5	B11474	철릭	겹	紬	128.5 70+57.5	123.5	66.5	47.5	37.5
6	B11475	철릭	겹	紬	123 67+56	124	67	43.5	35

순번	유물 번호	유물 명칭	구성	소재 겉/안	뒷길이 /총길이	화장 /허리둘레	뒤품 /바지부리	진동	수구
7	B11476	철릭	겹	紬	125 69+56	123	67	45.5	34.5
8	B11477	액주름	누비	紬	120.5	118	69	41.5	34.7
9	B11478	세가닥바지	누비	紬	102.5	57*15.7	60		
10	B11479	바지	겹	紬	113	117	61		
11	B11480	조대	끈목	견사	780추정	두께 0.3			
12	B11481	조대	끈목	견사	720추정				
13	B11482	이불	겹	紬	212	너비 220			
14	B11483	구의	홑	紬	가로 65	세로 427			
15	B11484	관내의 조각	홑	紬	가로 42	세로 163			
16	B11485	멱목	겹	紬	가로 34	세로 33			
17	B11486	소매1쌍	겹	紬	길이 85	너비 45			
18	B11487	소매1쌍	홑	紬	길이 63	너비 33.5			
19	B11488	옷감조각	홑	紬	길이 99	폭 34			
20	B11489	옷감조각	홑	紬	길이 102	폭 33.5			

1. 답호

1600년대 전반까지 관리들이 단령이나 직령을 입을 때 받침옷으로 입거나, 일상에서 겉옷 위에 덧입던 반소매형 옷이다. 직령이 단령과 대비되어 깃 모양만 칼깃이라면, 답호는 직령과 모양이 같고 소매만 짧은 옷이다. 이헌충 공의 묘에서 출토된 답호는 2점이며 모두 주紬로 겹옷이다.

1) 답호[B11471]

주紬를 겹으로 하여 만들었다. 깃은 끝 잘린 이중 칼깃 모양을 하고 짧은 소매에 앞 길이가 뒤보다 짧은 전단후장前短後長 형으로 구성되었다. 크기는 뒤 길이 144.5㎝, 앞 길이 136㎝, 화장 50㎝ 뒤품 68㎝이다.

깃_모양은 이중선이면서 끝이 잘린 칼깃 형태이다. 깃 너비 15.5㎝를 6.7㎝와 8.7㎝로 접어주어 안쪽에서 끝끝이 박아 겉에서 볼 때 이중 깃의 효과를 보이고 있다. 또한 겉깃은 끝은 3㎝ 정도를 직선이 되도록 하여 칼깃의 끝이 잘린 형태를 보이고 있다. 안깃은 3.5㎝ 정도 들여 달린 목판깃 형태이이며 들여 달린 곳은 겉에서 곱게 끝끝이 홈질하여 주었다. 깃에 달린 동정은 소실되어, 실 땀과 색상의 음영으로 흔적이 남아있으며, 겉 깃 끝과 오른쪽 겨드랑이 아래 뒷면에 2쌍 고름이 달렸던 흔적이 남아 있으며 안고름이 달렸던 흔적도 남아 있다.

[그림 1] 끝잘린 이중 칼깃과 2쌍 고름 흔적

길과 섶_길은 34cm 옷감을 2폭 이어 붙여 만들었으며 앞 길이가 뒤 길이보다 약 8.5cm가 짧은 전단 후장형 길이이다. 겉섶은 옷감 한 폭에 26.5cm 옷감을 이어 붙여 만들어 이중 섶 형태로 표현되어 있으며 안감은 단섶으로 구성되었다.

[그림 2] 안주름 상태

소매_진동점이 시작하는 소매는 수구까지의 길이가 16cm 정도로 매우 짧고 진동점에서 수구로 일직선으로 이어져 있다. 수구는 가장자리에서 6cm 들어가서 3cm 간격으로 2땀 상침으로 둘러주었다.

무_진동점에서 17cm 내려온 지점에 무를 부착하였다. 상부가 하향 삼각 형태이고 2중으로 접어주었으며, 무 아래쪽은 접혀 있지 않고 자연스럽게 펼쳐진 형태이다. 옆선의 길 안쪽으로 접힌 5.5㎝ 너비 안주름이 접혀 있으며 옆선에서 바깥으로 이어져 접힌 20㎝ 너비의 바깥무로 구성되어 있다. 무를 펼치면 51㎝가 된다. 무를 겹으로 직사각 형태로 만든 후, 상부는 하향下向 삼각 형태로 안쪽으로 접어주었다. 무 시작점에는 겨드랑 바대를 겉으로 드러나게 만들어 곱게 박음질하였는데 크기는 상부 4cm, 하부 4.5cm, 길이 7cm로 아래쪽이 조금 넓다.

[그림 3] 바깥 무 상부를 하향 삼각 형태로 접어준 모습

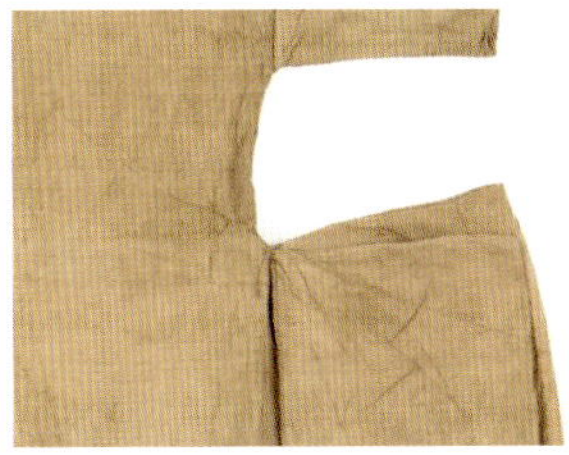
[그림 4] 바깥 무 상부의 삼각형을 펼친 모습

바느질_전체적으로 홈질로 옷을 지었으며, 형태를 완성한 후 수구와 도련은 6㎝ 들어가서 3㎝ 간격으로 2땀 상침하여 주었으며, 안깃의 들여 달린 부분을 겉에서 곱게 홈질하여 주었다.

2) 답호[B11472]

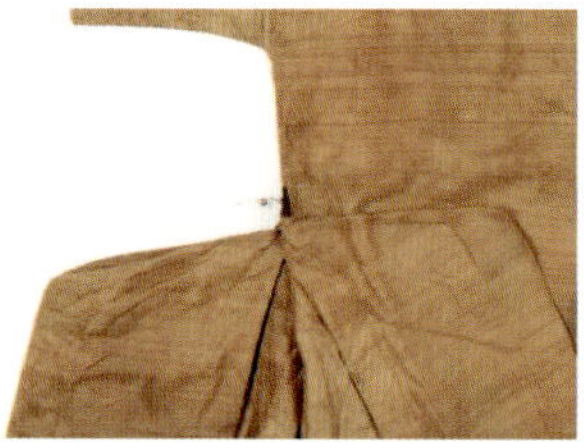

[그림 5] 무 펼친 모습

[그림 6] 겉면에 부착된 무 바대 모습

소매가 매우 짧고 앞과 뒤의 길이가 동일한 모양의 답호이다. 겉감과 안감을 주紬로 만든 겹옷으로 유물 수습 당시 등쪽에 조대[B11480]가 둘러진 모양으로 놓여 있었던 것으로 보아 수의로 입었던 것으로 추정되는 옷이다. 크기는 뒷길이 141.5㎝, 화장 50.5㎝, 뒤품 68㎝이다.

깃_너비 15㎝의 깃은 이중선[6.5+8.5]의 구성을 보인다. 겉깃은 약 2cm 정도 끝이 잘린 칼깃 형태이며, 안깃은 4.5㎝ 들여 달린 목판 깃 형태로 들여 달린 부분을 끝끝이 곱게 박음질하였다. 겉깃과 오른쪽 겨드랑 뒷부분에 부착되었던 고름은 2쌍의 자주색 고름의 흔적이 남아 있으며 고름 간격은 약 9cm이다. 동정을 달았던 흔적도 남아 있다.

길과 섶_길은 34cm 옷감을 2폭 이어 붙여 만들었으며 앞뒤 길이가 동일하다. 겉섶은 옷감 한 폭에 29cm 폭을 이어 붙여 만들어 이중 섶 형태로 표현되어 있으며 안감은 단섶으로 구성되었다.

소매_어깨에서 시작하는 소매 길이가 16.5cm 정도로 매우 짧다.

무_진동점에서 14㎝ 내려와서 부착되었으며, 모양이 상부가 하향 삼각 형태이고 옆선을 기준하여 길 안쪽으로 접힌 안주름[너비 4.5㎝]과 옆선에서 바깥으로 이어져 접힌 바깥무[너비 19㎝]로 구성되어 있다. 무를 겹으로 직사각 접은 형태로 만든 후 상부는 하향 삼각 형태로 안쪽으로 접어주었다. 무 시작점에는 겨드랑 바대를 겉으로 드러나게 만들어 곱게 박음질하였는데 크기는 상부 4cm, 하부 4,5cm, 길이 6.5m이다.

바느질_홈질로 옷을 지었으며, 형태를 완성한 후 수구와 도련은 3.5㎝ 들어가서 4㎝ 간격으로 2땀 상침하여 주었으며, 안깃의 들여 달린 부분을 겉에서 곱게 박음질하여 주었다. 전체적으로 [No.11471 답호와 비교했을 때 옷길이 형태만 다르고 같은 양식을 보인다.

2. 철릭[帖裏]

철릭은 1500년대 묘에서 많이 출토되는 남자 복식 중의 하나이다. 칼깃형의 상의와 치마형태의 하의가 허리에서 연결된 옷으로 평상복으로 착용하기도 하고 철릭 위에 답호를 겹쳐 관복 받침옷이나 융복戎服으로도 입었다. 이헌충 묘에서 출토된 철릭은 4점으로 모두 겹옷 상태이며, 그 가운데 탈착식 소매로 구성된 철릭 2점이 있다.

1) 철릭[B11473]

주紬를 겹으로 하여 만들었다. 끝 잘린 칼깃 모양을 한 상의와 허리춤에 잔주름을 준 하의로 구성되어 있으며 상의가 하의보다 길다. 크기는 뒷길이 125㎝ 衣:66.5 裳:58.5, 화장 125㎝, 뒤품 67㎝이다.

깃_모양은 이중선이면서 끝이 잘린 칼깃 형태이다. 깃 너비 14.8㎝를 너비 반 정도[6.5+8.3㎝] 안에서 끝끝이 박아서 겉에서 보았을 때 칼깃 형태로 나타나며 겉깃 끝 2.5㎝ 정도 끝이 잘라준 듯한 모양을 하고 있다. 깃달이를 할 때 속에 솜을 얇게 두었으며 완성 후 너비 5.7cm의 동정을 달아주었다. 겉깃 아래와 오른쪽 옆선 뒤쪽에는 너비가 각각 다른 직접 부착형 고름 2쌍이 달렸던 흔적이 남아있다. 4.5cm의 넓은 고름은 아래에, 2cm 너비의 좁은 고름은 위쪽에 박음질로 부착한 흔적이다. 안고름은 소실되어 없다.

소매_길이가 길고 통수형으로 옷 길이와 길이가 같아 팔을 내렸을 때 땅끝에 닿을 정도로 길다. 겨드랑 아래에서 하의 주름 선까지는 16cm로 옆선 길이가 긴 편이다.

상裳_옷감 13폭을 이어 붙여 치마처럼 허리선에서 정교하게 잔주름을 잡아주었다. 겉감의 경우 34㎝ 너비 13폭을 이어 만들어 0.2㎝ 정도로 잔주름을 잡았고 안감은 0.6~0.8㎝ 정도로 겉감보다는 넓게 주름 잡았다. 그리고 안섶 쪽의 하의는 섶선에서 24.5㎝ 정도까지 주름 주지 않고 나머지 14㎝ 정도

[그림 7] 겉주름 모습

[그림 8] 안주름 모습

만 주름을 잡아주었다. 겉길과 여밈하였을 때 주름으로 인해 지나치게 풍성해지는 것을 배려한 것이라 할 수 있다.

바느질_옷을 완성한 후 깃, 수구, 도련의 가장자리를 2땀 상침으로 마무리하였다.

2) 철릭[B11474]

활을 쏘기에 편리하도록 양쪽 소매가 탈착식으로 구성된 겹철릭이다. 겉감과 안감을 주紬로 만들고 고름 바대는 연화문단이다. 끝 잘린 칼깃 모양을 한 상의와 허리춤에 잔주름을 준 하의로 구성되어 있다. 크기는 뒷길이 128.5cm 衣:70 裳:57.5, 화장 123.5cm 뒤품 66.5cm이다.

[그림 9] 소매 여밈 단추

깃_모양은 이중선이면서 끝 잘린 칼깃 형태이다. 깃 너비 15cm를 너비 반 정도[6.7+8.2cm] 안에서 끝끝이 박아서 겉에서 보았을 때 칼깃 형태로 나타나며 칼깃 형태의 겉깃 끝 2cm 정도가 직선으로 구성되어 끝이 잘린 듯한 모양이다. 안깃은 섶선에서 1.5cm 정도 들여 달렸다. 깃에는 너비 5.5cm의 동정을 달았던 흔적이 남아있다. 겉깃 아래와 오른쪽 옆선 뒤쪽에 직접 부착형 고름[너비 2.2cm] 2쌍이 길이 21cm, 너비 3cm 크기의 연화문단 고름 바대 위에 박음질 되었던 흔적이 남아 있다. 고름 간격은 13.7cm이다. 속고름은 길이 31cm, 너비 2.5cm 크기로 왼쪽에 한 개만 남아 있다.

섶_겉섶은 1.5cm 너비로 선단으로 마무리하였다.

[그림 10] 고름 바대

소매_몸통에 부착된 짧은 소매와 별도의 긴 소매가 단추를 이용하여 탈부착이 가능하도록 구성되었다. 몸통 쪽 화장은 45cm, 긴소매는 85cm의 길이로서 몸통 쪽에 암단추, 긴 소매 쪽에 수단추가 앞 3쌍, 뒤 3쌍, 상하 1쌍씩 모두 8쌍을 달았다. 단추를 여밈하면 8cm가 겹쳐진다. 단추는 쌍밀이 형식이다. 소매 연결 부분에는 5.5cm 너비 안단을 덧대어 주었다.

상裳_진동점에서 옆선으로 20cm 정도 내려와서 허리선에서 잔주름 잡힌 하의를 달아 주었다. 겉감은 35cm 너비 15폭을 이어 만들어 0.2cm 정도로 잔주름을 잡아주었고, 이때 안섶 쪽의 32㎝까지는 주름을 잡지 않았다. 안감은 15폭에 21.5cm를 이어 붙여 0.8~1.2㎝ 정도로 겉감보다는 넓게 주름잡았다. 허리선을 기준하여 위와 아래가 1.21 : 1의 비율로 상의가 매우 긴 편이다.

바느질_도련은 가장자리 안쪽으로 4㎝ 들어가서 5㎝ 간격으로 2땀 상침으로 마무리하였다.

3) 철릭[B11475]

주紬를 겹으로 하여 만든 겹철릭이다. 끝 잘린 칼깃 모양을 한 상의와 허리춤에 잔주름을 준 하의로 구성되어 있으며 겨드랑이 아래 사각 접은 삼각무가 달렸다. 크기는 뒷길이 123㎝ 衣:67 裳:56, 화장 123㎝ 뒤품 67㎝이다.

깃_겉깃 모양이 이중선이고 끝 잘린 칼깃 모양을 하고 있다. 깃 너비 14.5cm를 6.5cm와 7.5cm 너비로 끝끝이 접어 이중선 형태로 만들었으며, 겉깃 끝은 2cm 정도가 잘려 있는 형태이다. 안깃은 1cm를 들여 단 목판깃으로 들여 달린 부분은 곱게 박음질하여주었다. 겉깃 아래와 오른쪽 옆선 뒤쪽에는 너비 2cm와 6cm의 직접 부착형 고름 2쌍이 부착되었던 흔적이 있다. 고름너비가 넓은 것은 가슴을 둘러 맬 정도의 긴 고름과 짧은 고름으로 구성된 경우로 추정된다. 안고름 너비 1.8cm 흔적이 남아 있다.

소매_길이가 길고 통수형이며 겨드랑 아래 옆선에 5.8 × 5.8cm 크기의 사각 접은 삼각무를 달아주었다. 이 삼각무는 대각선이 절개된 상태이다.

상裳_겨드랑 밑으로 14cm를 내려와서 하의를 부착하였다. 상의[衣]와 허리춤에 잔주름을 준 하의[裳]로 구성되어 상의가 하의보다 1.19 : 1의 비율로 다소 긴 편이다. 겉감은 14폭을 이어 만들어 0.2cm 잔주름을 잡았고, 안감은 14폭을 이어 붙여 1㎝ 내외로 넓게 주름 잡았다. 상의에 하의를 부착할 때 안섶 쪽의 25.5㎝ 정도까지는 주름이 없다.

바느질_옷을 완성한 후 깃, 수구, 섶, 도련의 가장자리는 끝에서 0.8~1.2㎝ 들어가서 곱게 홈질로 둘러주었다. 철릭의 경우 솜옷의 가장자리에 표현되어 있는 바느질 기법으로, 이 유물은 현재는 솜이 퇴화되어 없으나 옷을 제작하였을 당시에는 솜 철릭이었을 가능성이 있다.

4) 철릭[B11476]

겉감과 안감을 주紬로 만든 겹옷이다. 활을 쏘기에 편리하도록 양쪽 소매가 탈착식으로 구성되어 끈으로 소매를 여밈할 수 있도록 하였다. 크기는 뒷길이 125㎝ 衣:69 裳:56, 화장 123㎝, 뒤품 67㎝이다.

깃_깃 모양은 이중선이면서 끝이 잘린 칼깃 형태로, 14.5cm 깃 너비를 5.7cm와 8.8cm 너비로 접어 안쪽에서 끝끝이 바느질하여 마치 깃이 이중으로 잡힌 듯한 형태이다. 칼깃 형태의 겉깃은 끝이 2.5cm 정도가 잘린 듯한 형태이다. 깃에는 6cm 너비의 동정이 깃 끝에서 37.5cm 지점부터 달렸던 흔적이 남아 있다. 깃 끝에는 두 쌍 고름과 고름 바대의 흔적이 남아 있으며, 안고름은 길이 32.5cm 너비 1.7cm 크기로 부착되어 있다.

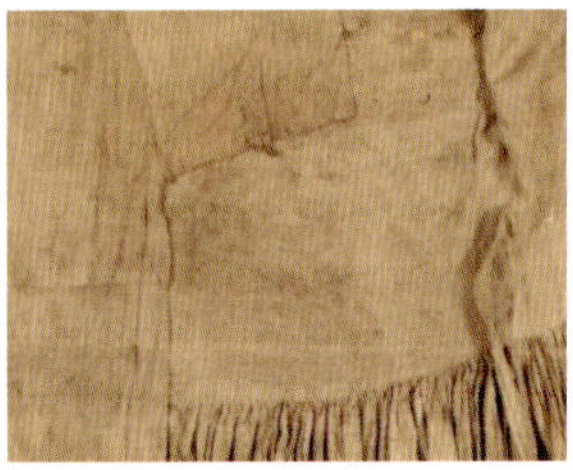

[그림 11] 속고름 모습

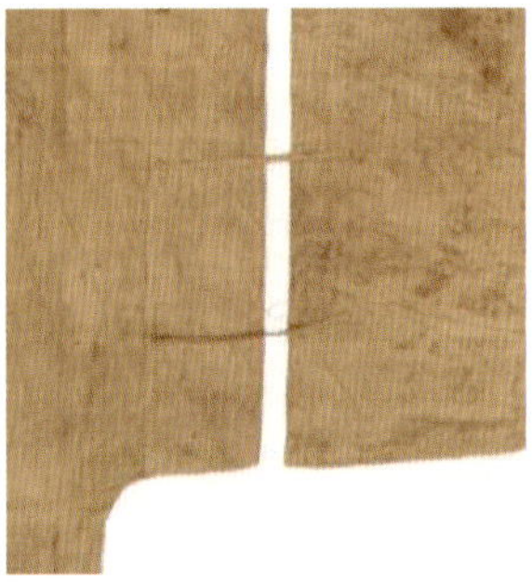

[그림 12] 소매 여밈 끈

소매_소매는 몸통에 부착된 짧은 소매와 별도의 긴 소매로 구성되어 너비 0.5cm, 길이 14.7cm의 끈을 이용하여 탈부착이 가능하도록 하였다. 몸통쪽 화장은 44cm, 긴소매는 89cm의 길이로서 여밈하였을 때 약 8.5cm가 겹쳐진다. 끈은 앞 3쌍, 뒤 3쌍, 상하 1쌍씩 모두 8쌍을 달아 주었으며 현재 끈 2개가 남아 있다.

상裳_진동점에서 18cm 정도 옆선을 내려와서 허리춤에 잔주름을 준 하의[裳]를 부착하였다. 하의는 36.5cm 너비 13폭에 15cm를 더하여 이어 만들고 0.2cm 잔주름을 잡았고 안감은 0.3~0.6㎝ 내외로 불규칙하게 주름 잡았다. 상의에 하의를 부착할 때 안섶쪽의 30㎝ 정도까지는 주름이 없으며, 허리선을 기준하여 상의와 하상의 길이는 1.22 : 1의 비율로 상의가 길다.

바느질_옷 형태를 만든 후 도련의 가장자리 3.5cm 들어가서 4cm 간격으로 3땀 상침하였으며, 탈착식 소매의 연결 부분도 가장자리에서 3cm 들어가서 5cm 간격으로 3땀 상침하여 주었다.

3. 액주름[B11477]

임란 직후까지 남자들이 입은 일상복의 하나로, 신분 낮은 자들이 외출복으로도 입었다. 겨드랑이 아래에 주름이 잡혀 있는 것이 특징이다.

유물은 겉감과 안감을 주紬로 하고 사이에 솜을 두어 2~2.2cm 내외 간격으로 줄줄이 누벼준 누비옷이다. 현재는 솜이 퇴화되어 겹 상태로 남아있다. 크기는 뒷길이 120.5㎝, 화장 118㎝ 뒤품 69㎝이다.

깃_겉깃 모양이 끝 잘린 이중 칼깃 형태로, 너비 14cm의 깃을 5.8cm과 8.2cm로 폭을 접어 안에서 끝끝이 박아주어 마치 이중 깃 형태를 보인다. 또한 칼깃 형태의 겉깃 끝을 2cm 정도 일직선으로 만들어 끝이 잘린 듯한 형태이다. 안깃은 깃머리가 4.7cm 들여 달린 목판깃 형태로 들여 달린 부분을 곱게 홈질로 바느질하여 주었다. 깃에는 길이 70cm, 5.5cm 너비 동정을 달아주었는데, 동정 위치는 겉깃 끝에서 28cm, 안깃 끝에서는 30cm 지점까지 부착하였다. 겉깃 끝과 오른쪽 겨드랑이 아래 뒷면에는 2쌍 고름을 달았던 흔적이 남아 있으며, 안깃 끝에는 길이 26.5cm, 너비 1.7cm 안고름이 남아 있다.

길과 소매_소매는 화장이 118cm의 길이로서, 뒷길이[120.5cm]와 큰 차이가 없을 정도로 긴 편이다. 배래는 진동[41.5cm]에서 수구[34.7cm]로 갈수록 줄어드는 형태이다. 진동점 부위는 곡져 있다. 진동점에서 주름 선에 이어지는 겨드랑 밑 길이는 20cm 정도로 긴 편으로, 주름 기준하여 상부 길이 61.5㎝, 하부 61.5㎝로 상하 비율이 같다.

무_겨드랑 아래에는 윗변 4.7cm, 아랫변 5.5cm, 길이 20cm 크기의 작은 사다리꼴 무가 달렸으며 그 아래로 대형 무를 달아주어 무의 위쪽을 잔주름 잡아주었다. 대형 무는 사다리꼴[아랫변 21.5cm]+직사각 접은 형 너비[30cm]+사다리꼴[아랫변 21.5cm]로 구성되었다.

[그림 13] 액주름의 겉주름과 속주름 모습

바느질_현재는 겹 상태이지만, 원래는 솜을 두어 누벼준 것으로 추정되는데, 누비 간격은 2~2.2cm이다. 길, 소매, 섶, 무 등의 각 부위를 누벼준 후 각 부분을 이어 붙이는 방식으로 누벼준 옷이다. 누비옷을 완성한 후 도련을 눈썹단으로 마무리하였다.

4. 바지류

출토된 바지는 2점이다. 1점은 바지 가닥이 3개로 구성된 바지이며, 나머지는 삼각당이 달린 개당고형 이다.

1) 세가닥 바지[B11478]

조선시대 복식 중에는 바지의 가랑이가 3가닥으로 구성된 특이한 형태의 바지가 있다. 대부분 1600년대 초반까지 사대부 집안의 무덤에서 발견되고 있으며, 주로 솜옷이나 솜누비옷으로 구성되어 있다. 이를 학계에서 '세가닥 바지' 또는 '세가랑이 바지'라 칭하고 있다. 그 모양은 밑이 막힌 바지인 합당고合襠袴와 밑이 트인 바지인 개당고開襠袴가 혼합된 형태이면서 바지 한 쪽은 가랑이 길이가 긴 것과 짧은 것이 겹쳐져 2중으로 되어 있다. 또한 짧은 가랑이가 겉으로 드러난 것과 속으로 들어가 있는 2가지 형태가 있다. 연구자는 편의상 이 바지를 가장 많이 통용되고 있는 세가닥 바지로 명명하였다.

이헌충 묘에서 출토된 세가닥 바지는 겉감과 안감을 주紬로 만들고 1.6cm 간격으로 줄줄이 누벼준 누비바지이다. 누비 땀은 0.6cm 간격으로 성글게 누벼준 것으로 보아 원래는 솜을 두텁게 두어 누빈 솜누비로 추정된다. 크기는 총길이 102.5cm, 겉가닥 길이 86.8cm, 겉가닥 부리 65cm, 속가닥 길이 65.5cm, 속가닥 부리 65cm, 허리둘레 57cm, 말기 너비 15.7cm이다.

짧은 가닥과 긴 가닥으로 구성된 단속곳 형태의 합당고合襠袴: 밑 막힌 바지를 만든 후 짧은 가닥의 겉면 쪽에 개당고開襠袴: 밑트인 바지 형식의 긴 바지 가닥이 겹치도록 만들었다. 완성 후 바지 한 쪽은 길이가 긴 것과 짧은 바지 가닥이 겹쳐져 2중으로 완성된다.

바지통_옷감 4폭을 이용하여 중앙을 1폭, 좌우는 반폭씩 앞뒤로 골선이 되도록하여 바지통을 만들고 합당고형은 밑변 25cm, 윗변 5cm, 길이 44cm 크기의 사다리꼴 당을 부착하여 긴 가닥과 짧은 가닥을 붙여 주었으며 짧은 가닥의 경우 너비 4cm넓게 누벼주었다. 완성 후 짧은 가닥의 밑아래 길이는 26cm가 된다. 개당고형 긴 바지는 허리선 중심에서 아래로 38.5㎝ 내려와서 사각 접은 삼각형 당을 부착하여 밑이 트이도록 하였다. 이때 삼각형 당은 1.2cm 간격으로 누벼주었다.

주름_완성된 가닥을 2중으로 겹친 후 허리 주름을 잡아줄 때 긴 가닥과 짧은 가닥을 겹쳐 한꺼번에 주름을 잡아주었다. 주름은 5.5~6cm 크기로 넓게 좌측 3개, 우측 4개의 외주름을 잡아주었으며 옆트임을 향하고 있다. 주름을 완성한 후 허리말기를 부착하였으며, 말기 옆에서 15.5cm 크기로 옆트임을 주어 착장에 편리하도록 하였다.

바느질_허리 말기는 2.5cm 너비로 가로 세로 모두 누벼주어 마치 바둑판 형식으로 누빔이 되어 있다. 옆트임 시작 부분에는 1.2cm 정도 사뜨기를 하여 주었다. 옆트임과 바지 부리는 1cm 들어가서 0.5cm 간격으로 성글게 홈질 상침하여 주었다.

완성된 옷을 겉에서 볼 때, 겉면은 좌우 길이와 누비 간격이 동일한 긴 가닥 2개이며, 안은 누비 간격이 넓은 짧은 가닥이 겹쳐져 있는 모습으로 이루어져 있다.

[그림 14] 세가닥 바지[B11478]의 앞–세가닥 펼침–무 상태

2) 바지 開襠袴[B11479]

겉감과 안감을 주紬를 사용하여 만든 개당고형 솜바지이다. 허리 트임은 뒤 부분에 있으며 밑이 트인 바지가랑이 좌우에 사각 접은 삼각 형태의 당襠이 달린 것이 특징이다. 총길이 113㎝ 허리둘레 117 × 14㎝, 바지부리 61㎝의 크기이다.

바지통_옷감 2폭 반을 이용하여 바지통을 각각 만들고 허리선 중심에서 아래로 41㎝ 내려와서 사각 접은 삼각 형태의 당을 좌우로 달아 주었다. 당 부착 후 밑 위 길이 41cm, 밑 아래 길이 34cm 이다.

주름_바지 상부를 주름 잡은 후 좌우 측의 상부가 10㎝ 정도 겹치도록 하여 허리말기를 달았다. 허리끈은 소실되어 너비 6cm의 흔적이 남아 있다.

바느질_바지 부리의 가장자리에서 4cm 올라간 지점에 드문드문 두 땀 상침을 둘러주었다.

[그림 15] 바지[B11479]의 앞–뒤–무 상태

5. 조대 條帶

조대[B11480]는 원형으로 둥글게 연결된 끈목에 술 1개가 걸려 있는 구조로, 이헌충 공이 입고 있던 답호[No.11472]의 허리에 둘러져 있었다. 크기는 길이 780cm추정, 굵기 0.3cm, 술 길이 3.5cm이다.

속심으로 넣어준 면사綿絲가 소실되어 겉면만 남아 있다. 16사絲 원다회圓多繪를 둥근 형태로 만들어 양끝을 연결한 후, 망을 떠서 연결 부위를 감추어 원형이 되도록 하였으며, 방울 술[方兀蘇兀]을 만들어 끈에 걸어 술을 완성하였다. 방울 술은 한지와 면사실로 속을 만들고 위쪽에는 망과 망수를, 아래쪽에는 술 올을 꼬아 둘렀다.

이와 같은 유물은 이미 출토 사례가 있어, 단국대학교 석주선기념박물관 소장 전주이씨 문양군 이계윤의 세조대, 안동대학교 박물관에 소장 중인 미발표 유물 노수함의 세조대, 대전시립박물관 소장 송희종의 세조대, 경기도 박물관 소장 청주양씨16세기 중후반 추정 묘 출토 세조대* 등과 동일한 구조이다. 이 들 유물은 길이 400~450cm 내외의 크기이다. 이를 기본으로 한다면 본 유물은 면실이 소실되어 견사가 늘어진 상태로서 원래 길이는 현재 보다는 짧았을 것으로 추정된다. 또한 방울 술은 속에 고정된 실이 늘어진 상태로 보관되어 있으며, 망 속에는 원래 금전지를 씌웠을 것으로 추정된다.

나머지 조대[B11481]는 일부분만 남아 있어 완형은 알 수 없다. 현재는 16사絲로 엮은 납작한 상태로 남아 있으나 면사로 만든 속심이 소실되었기 때문이며, 원래는 원다회였을 것으로 추정된다.

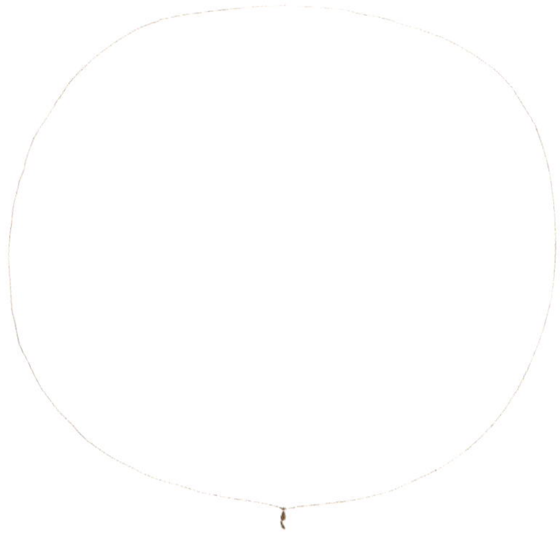

[그림 16] 원형상태의 조대[B11480]

[그림 17] 방울 술

* 경기도 박물관 2015, 청주양씨 기증 유물전, pp.255~269. 참조

6. 기타

위의 복식 이외에 염의와 치관을 꾸몄던 유물로 명정 1점, 이불 1점, 구의 1점, 관내의 조각 1점, 멱목 1점, 소매 2쌍, 옷감 조각 2점 등이 있다. [표 1 참조]

명정은 장사를 지낼 때 죽은 사람의 성명을 적어 신분을 밝혀 놓은 명기銘旗이다. 하관下棺을 마치면 축軸을 제거하고 명정을 관 위에 씌워서 묻어준다. 유물은 이헌충의 신분을 알 수 있도록 품계-관직-본관 성씨의 순서로 '通訓大夫 行 工曹正郎 李公之柩'를 얇은 평견직물에 묵서하였다. 묘주 이헌충 공은 수도군의 5세손이다. 중종中宗 17년1522 임오壬午 식년시式年試 [진사]에 급제하여 금오랑金五郎으로 출사하게 되었으며 전의현감全義縣監 호조좌랑戶曹佐郎 사복시 주부司僕寺 主簿 공조좌랑工曹佐郎을 역임하였다*. 이헌충은 사망 후 정5품 관직인 공조정랑 직을 제수받았다.

이불은 속에 들어 있는 이물질 찌꺼기가 많아 솜이불로 추정되나 현재는 겹이불 상태로 있다. 겉감과 안감을 주紬로 만들었으며, 겉감은 33cm, 너비 6폭에 20cm를 더하여 만들었다. 동정 13.5cm, 깃 33cm, 길 165.5cm로 구성되었다.

나머지는 수습 작업의 미숙으로 완형을 갖추지 못한 유물들이다.

* 全州李氏 守道君派譜編輯委員會 2013, 全州李氏 守道君派譜, 株家乘미디어. 참조

III. 안동김씨 묘 출토 유물

이헌충 공의 부인 안동김씨1505년 生의 무덤에서 출토된 유물은 총 8점이다. 유물 종류는 장저고리 2점, 저고리 1점, 적삼 1점, 치마 2점, 치마 조각 2점이다. 이장 작업 당시 확인된 바로는 부인의 묘는 이헌충 공의 무덤보다 소박하게 조성되어 있었다고 한다. 이를 근거로 문중에서는 이헌충 공보다 늦게 돌아가신 것으로 추정하고 있다. 이는 출토된 복식의 시대 범위가 확대될 가능성이 있는 부분이다.

[표 2] 안동김씨 묘 출토 유물 목록

순번	유물 번호	명칭	구성	소재 겉/안	뒷길이 /총길이	화장 /허리둘레	뒤품 /바지부리	진동	수구
1	B11490	장저고리	겹	주紬	80	90	65.5	35.5	27.5
2	B11491	장저고리	겹	주紬	81.5	91	72	34	29.5
3	B11492	저고리	겹	주紬	52.5	69.5	67.2	27.5	24
4	B11493	적삼	홑	주紬	58	61	61	31	29
5	B11494	치마	겹	주紬	98	105	폭 484		
6	B11495	치마	겹	주紬	90	77	폭 450		
7	B11496	치마조각	누비	주紬	길이 90	폭 180			
8	B11497	치마조각	겹	주紬	길이 92	폭 125			

1. 저고리류

저고리류는 모두 4점이 출토되었다. 2점은 장저고리 형이며, 1점은 그보다 짧은 길이이다. 나머지 한 점은 겹 적삼이다.

1) 장저고리[B11490]

짧은 저고리를 입고 그 위에 덧입는, 길이가 긴 여성용 저고리이다. 유물은 겉감과 안감을 주紬로 만든 겹옷으로, 깃의 길이가 좌우가 같은 맞깃형이고 섶머리에 주름이 잡힌 것이 특징이다. 옆선에는 ㄱ자형 한 쪽 무를 달아주어 도련 너비가 품보다 넓고 풍성하며 옆선이 트여 있다. 크기는 뒷길이 80㎝, 화장 90㎝, 뒤품 65.5㎝이다.

깃_모양은 좌우 들여 달린 목판 맞깃 형태이다. 너비 10.5㎝의 겉깃과 안깃은 41cm로 길이가 동일하며 모두 섶선 안으로 들여 달린 목판깃의 맞깃 형태이다. 깃에는 너비 5㎝ 정도의 동정을 달았던 실 땀 흔적이 남아 있다.

섶_깃 아래 달린 섶을 주름 잡아주었는데, 겉섶에는 겉주름 1cm 너비, 속주름 1.8cm 너비로 주름이 잡혀 있으며, 안섶은 1~1.5cm 너비로 겉주름과 1.5cm 너비 속주름을 잡아주어 섶이 입체적으로 완성되었다. 겉섶의 상부 주름을 펼치면 겉섶 상부의 너비는 약 10.5cm 정도이다. 겉깃 끝과 안깃 6.5cm 들어간 지점에 약 1.7cm 너비의 자주색 고름 흔적이 남아 있으며 안고름은 제작 당시부터 없었던 것으로 보인다.

소매_진동에서 줄어들면서 수구로 이어지는 완만한 일자형이며 화장이 90㎝로 매우 길다.

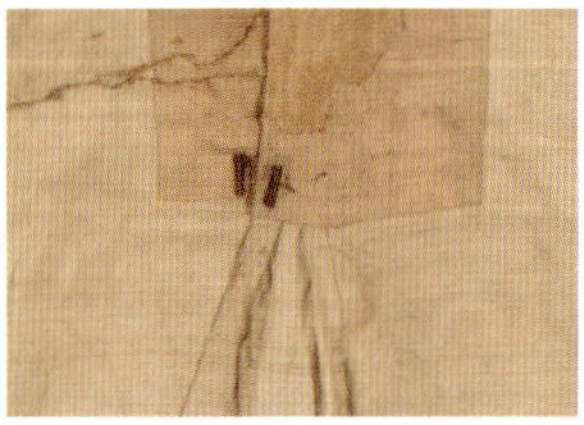

[그림 18] 겉섶의 주름 잡은 모습

[그림 19] 안섶의 주름 잡은 모습

무_겨드랑이 아래 옆선에 ㄱ자형 한 쪽 무를 달아주고 옆에 31㎝ 정도 트임을 주었다. 옷을 완성한 후에 수구는 4.5cm 간격으로 2땀 상침하여 주었으며, 섶, 옆트임, 도련의 가장자리는 안쪽으로 0.6cm 정도 들어가 홈질로 곱게 상침으로 둘러주었다.

바느질_수구는 4.7cm 들어가서 4.5cm 간격으로 3땀 상침하여 주었으며, 섶, 옆트임, 도련의 가장자리는 홈질로 상침하여 둘러주었다. 옆선에 달린 무로 인하여 도련으로 갈수록 곡선으로 넓어져 사선의 실루엣을 보여 옷품보다 넓고 풍성하다. 그리고 옆을 터 주어 치마를 갖추어 입었을 때 치마의 풍성함을 유지되도록 배려하였다. 맞깃 형태로 구성되었으나 옷을 여밈하여 고름을 매었을 경우 약 5cm 정도 깃이 겹치게 된다. 그러나 동정이 달렸을 경우 동정의 모습이 좌우 대칭이 되는 구조인데, 이는 다음 항에서 논하고자 한다.

2) 장저고리[B11491]

겉감과 안감에 주紬를 사용하여 만든 겹옷이다. 움직일 때 안자락이 보이는 것을 배려하여, 안감의 깃, 섶, 무 부위는 안감 몸판 보다 섬세한 겉감을 사용하였다. 옆선에는 한 쪽 무가 달려 있어 도련이 넓고 풍성하며 옆선이 트여 있다. 크기는 뒷길이 81.5㎝, 화장 91㎝, 뒤품 72㎝이다.

깃_겉깃과 안깃 모두 섶선 밖으로 내어 달린 목판깃 형태이다. 너비 13㎝의 깃에는 너비 5㎝ 정도의 동정을 달았던 실 땀 흔적이 남아있다. 겉깃 끝에는 약 1.8cm 너비의 고름 흔적이 남아있으며 안고름은 제작 당시부터 없었던 것으로 보인다.

소매_진동에서 줄어들면서 수구로 이어지는 완만한 일자형이며 화장이 91㎝로 매우 길다.

무_겨드랑이는 무를 달아 곡선으로 되어 있는데, 옆선에 ㄱ자형 한 쪽 무를 달아주고 진동점에서 4cm 정도 내려와서 옆선에 34㎝ 정도 트임을 주었다.

바느질_옷을 완성한 후에는 목선과 닿는 깃 가장자리를 0.7㎝ 안으로 들어가서 곱게 홈질 상침하였으며 수구, 옆트임, 도련의 가장자리는 안쪽으로 들어가 4cm 간격으로 2땀 상침하여 마무리하였다. 이 옷은 옆선에 달린 무로 인하여 도련으로 갈수록 곡선으로 넓어져 사선의 실루엣을 보이며, 도련 너비가 94㎝로 옷 품보다 넓고 풍성하다. 그리고 활동에 편리하도록 옆을 터 주어, 치마를 갖추어 입었을 때 치마의 풍성함을 유지될 것으로 추정된다.

[그림 20] 겉감

[그림 21] 안감

[그림 22] 안감의 섶

3) 저고리[B11492]

치마와 함께 입는 여자의 기본 웃옷이다. 유물은 몸판을 주紬로 만들고 겉감의 깃, 끝동, 사다리꼴무는 운보문단이며 겨드랑 아래 사각 접은 삼각무, 겉섶, 안섶은 연화문단을 사용하였다, 옆선에 사각 접은 삼각무와 사다리꼴무의 2쪽 무를 달아 도련이 옷 품보다 넓고 풍성하다. 뒷길이 52.5㎝ ,화장 69.5㎝, 뒤품 67.2㎝이다.

깃_너비 11.5㎝의 목판깃 형태로, 길이 41㎝의 겉깃은 내어 달린 목판깃이며 길이 39.5㎝의 안깃은 4㎝ 정도만 내어 달렸다. 깃에 달렸던 동정은 탈락되어 없는 상태이다. 안깃의 섶에 부착된 부분은 끝끝이 곱게 홈질해주었다. 깃 끝에는 너비 2.2㎝의 고름이 달렸던 흔적이 남아있다.

소매_진동에서 줄어들면서 수구로 이어지는 완만한 일자형으로 소매 끝에는 12.7㎝ 너비의 운보문단 끝동이 달려있다.

무_겨드랑 아래 옆선에는 연화문단 사각 접은 삼각무[6×6㎝]와 운보문단 사다리꼴무 형태의 두 쪽 무가 달려 있으며 트임은 없다. 두 쪽 무는 운문단 옷감을 사용하였다.

바느질_이 옷은 뒷도련 너비 77㎝로 옷 품보다 도련이 넓고, 옷 품이 화장과 비슷한 비율로 넓고 풍성하다. 장저고리보다는 짧은 길이지만 입었을 때 허리가 가려지는 길이이다.

[그림 23] 끝동의 운보문단

[그림 24] 사각 접은 삼각무의 연화문단

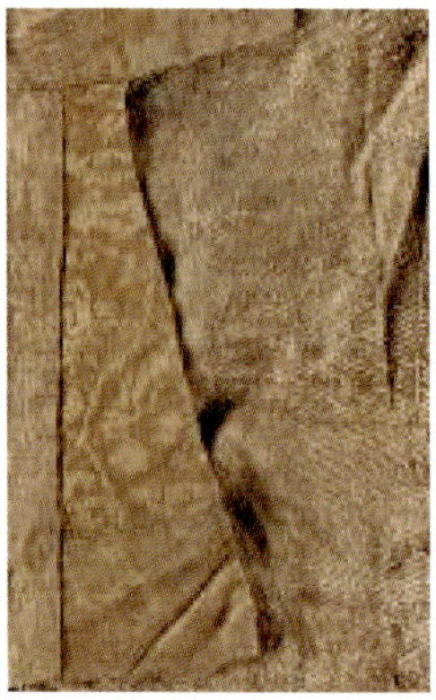

[그림 25] 앞섶의 연화문단

4) 적삼[B11493]

여름용 저고리 또는 속저고리로 입는 옷이다. 유물은 겉감과 안감을 주紬로 만든 겹옷으로 가장 자리를 홈질 상침으로 둘러주었다. 옷 길이 58cm, 뒤품 61cm, 화장 61cm의 크기이다.

깃_너비 11.2cm이며 좌우 모두 들여 달린 목판깃 형태로 겉깃 길이 37cm, 안깃 길이 42cm이다. 깃에는 동정이 달렸던 흔적은 찾아볼 수 없다. 겉깃 끝에는 1.2cm 너비의 고름 흔적이 남아있다 소매는 진동[31cm]에서 수구[29cm]까지 완만한 일자형이며 일반 저고리보다 소매가 짧은 편이다.

무_진동 아래에는 8.5 × 8.5㎝ 크기의 사각 접은 삼각무가 달아주고 일자형으로 내려온 옆선에는 8cm 크기로 트임을 주었다.

바느질_겹옷을 완성한 후 수구, 섶, 옆트임, 도련의 가장자리를 0.3cm 들어가서 0.3cm 간격으로 홈질 상침하여 주었다.

2. 치마

치마는 모두 2점이 출토되었다. 1점은 상부는 걷어주고 하부는 접어주었으며, 1점은 하부를 일정 부분 접어준 형식의 치마이다. 직사각 형태에 허리를 주름잡아 만든 일반적인 치마와는 대별되는 것으로, 이 글에서는 편의상 학계에서 통용되는 명칭을 사용하였다.

1) 거들 접음단 치마[B11494]

겉감과 안감을 주紬로 만든 겹치마로, 상부 중심은 걷어주고 하부는 접어주어 만든 특별한 옷이다. 치마 상부는 너비 152cm, 깊이 4.5cm를 걷어주고 아래 부분은 5㎝ 단을 접어 접음단으로 둘러주었다. 허리 주름이 중심을 기준

[그림 26] 거들단과 좌우 방향이 다른 주름 모습

[그림 27] 치마를 반 접었을 때의 옷 길이

으로 좌우측 방향으로 다르게 잡혀 있는 것이 특징이다. 현재 허리 말기는 소실된 상태로, 치마의 크기는 총길이 98㎝ 허리말기 주름부터의 길이, 치마 중심 길이 85cm, 허리둘레 105㎝ 추정* 치마폭 484㎝이다.

치마폭_1폭 너비 32cm의 겉감 옷감 16폭을 이어 붙여 치마폭을 만들고, 안감을 겹쳐 좌우를 홈질로 바느질하고 밑 도련은 겉면 0.2cm 안쪽면 0.7cm의 눈썹단으로 마무리하였다.

거들단_직사각 형태로 만든 치마를 주름 선에서 18cm 내려와 너비 152cm 정도를 깊이 4cm 정도 걷어주었다. 거들단의 위치는 좌측은 5폭에서 18.5cm 더한 지점이며, 우측은 4폭에서 14.5cm를 더한 지점에서 시침하듯이 성글게 바느질하여 거들단을 잡아주었다.

접음단_하부에는 접음단을 만들어주었는데, 밑 도련에서 위쪽으로 23㎝ 올라온 지점에서 접음단 분량 10㎝를 반 접어 성글고 넓게 시침하여 5㎝ 너비 접음단을 완성하였다.

치마 주름_허리말기가 소실되어 주름이 부분적으로 펼쳐진 상태이나 중심부의 주름은 남아있으며 좌우에 주름 자국도 남아 있다. 현재를 이를 주름 잡아 보수한 상태이다. 주름 방향은 허리 중심부 11.5cm를 맞주름 잡은 후, 좌측은 왼쪽 방향, 우측은 오른쪽 방향으로 주름 방향을 달리한 특이한 구조이다. 주름 폭은 2~3cm로 불규칙하게 잡아주었다.

2) 접음단 치마[B11495]

겉감과 안감을 주紬로 만든 치마로, 현재는 겹옷 상태로 있다. 치마 아래 부분에 9.8㎝ 단을 접어 접음단으로 둘러주고, 도련 시접을 눈썹단으로 처리하였다. 크기는 총길이 90㎝, 허리둘레 77㎝, 치마폭 450㎝이며 접음단을 폈을 때의 치마 길이는 121cm이다.

---

* 허리 말기가 소실되어 펼쳐진 주름의 흔적을 찾아 유물 보수 작업을 통해 주름을 잡아준 상태이다.

치마폭_1폭 너비 30.5cm의 겉감 옷감 15폭을 이어 붙여 치마폭을 만들고, 안감과 겹쳐 좌우를 홈질로 바느질하고 밑도련은 겉면 0.3cm 안쪽면 2.4cm의 눈썹단으로 마무리하였다. 이때 눈썹단은 겉감을 안감쪽으로 넘겨 만든 형식이기 때문에 안감쪽 선단은 겉감과 같은 폭이음선이 있다.

접음단_직사각 형태로 만든 치마를 밑도련에서 위쪽으로 23㎝ 올라온 지점에서 접음단 분량 19.6㎝를 반 접어 성글고 넓게 시침하여 9.8㎝ 너비 접음단을 완성하였다. 접음단을 접었을 때 치마 길이는 왼쪽과 오른쪽 치마 길이가 동일하다.

치마 주름_완성된 치마폭 상부를 2.5~4㎝ 너비로 주름 잡았는데 허리 중심부는 4cm 내외이며, 중심을 기준으로 좌우는 2.5~2.8cm 내외로 주름 잡아주었다. 주름은 왼쪽을 향하고 있다. 오른쪽 8㎝ 정도 주름이 없는 것으로 보아 치마를 오른쪽으로 여밈한 것을 알 수 있다.

허리말기_주름 잡은 허리에는 둘레 77㎝ 너비 4.5㎝ 크기의 말기를 부착하였다. 말기 끝 좌우에는 4㎝ 너비 고름 흔적이 남아 있다. 고름은 겉에서 눌러 박음질하였으며 눈썹단을 완성한 후 겉감의 끝단이 밀리지 않도록 끝을 한 번 더 시침하여 주었다.

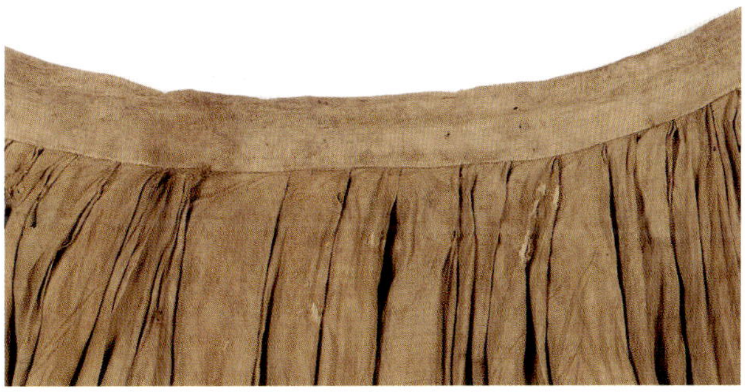
[그림 28] 중심부의 넓은 주름과 좌우 작은 주름 모습

[그림 29] 접음단을 위쪽으로 올린 모습

3. 기타

위의 복식 이외에 안동김씨 무덤에서는 치마 조각으로 추정되는 2점[B11496~7]이 있다. 모두 주紬로 만든 것이며 1점은 누비이고 나머지 1점은 겹옷 상태이다[표 2. 참조].

IV. 맺음말

이상과 같이 2009년 10월 7일, 경기도 포천시 소흘읍 무림리 산 89번지에서 출토된 이헌충李憲忠: 1505~1603과 부인 안동김씨安東金氏: 1505년 생의 분묘에서 출토된 총 28점의 유물에 대하여 각 유물의 구성적 특성을 면밀히 알아보았다.

앞 글에서 말한 언급한 바와 같이 이헌충 공은 98세까지 장수하였고 부인 안동김씨 또한 장수한 것으로 추정되는 인물이다. 조선시대는 유행이 변화된다하여 현시대처럼 때마다 옷을 만들어 입을 여건은 되지 않았을 것이며, 한 번 마련한 옷은 오랜 기간 입었을 가능성이 있다. 더구나 노년층은 유행을 따르지 않는 경향이 있어 장수한 사람일수록 개별 복식의 제작 시기가 광범위할 가능성이 많다.

이헌충 묘 출토 유물 중 답호 2점과 철릭 4점은 선행 연구를 통해[*] 복식의 연대가 1500년대 전반기에 해당한다. 이헌충묘 출토 유물과 같이 변수1447~1524, 김흠조1477~1543, 고운1479~1530, 정담1476~16세기 전반 추정묘 출토 답호와 철릭에서 끝 잘린 이중 칼깃 형태가 확인되며, 겨드랑 밑 길이 또한 비슷

---

* 이은주 2010, 앞의 글, pp. 172~176.

하다. 이러한 사례를 살펴 볼 때 이헌충 묘 출토 유물 중 답호와 철릭은 공의 몰년보다는 앞선 1500년대 전반기의 양식으로 추정된다.

안동김씨의 장저고리 2점의 시대가 대별되는 유물로 섶에 주름 잡힌 장저고리[B11490]는 1500년대 전반기에 해당하며, 다른 1점의 장저고리[B11491]는 1500년대 중후반기에 해당한다. [B11490]는 깃이 들여 달린 목판깃 형태의 맞깃이고 섶 아래 주름이 잡혀 있다. 이러한 유물은 석주선기념박물관 소장의 강릉김씨의 맞깃섶위접힘저고리 3점*과 동일한 구조이다.

이번에 발표된 유물은 견직물만 있으며, 모든 유물이 겹옷 또는 겹누비 상태로 보존되어 있다. 이는 토양과 자연현상으로 장기간 땅속에서 식물성 섬유가 서서히 퇴화되어 견직물만 남은 것으로 추정하고 있다. 따라서 초기에는 솜옷이었을 가능성이 있는 옷들이 있는데, 철릭[B11475]과 장저고리[B11490]는 옷을 완성한 후 깃, 수구, 섶, 도련의 가장자리는 끝에서 0.8㎝ 들어가서 곱게 홈질로 둘러주었다. 철릭의 경우 솜옷의 가장자리에 표현되어있는 바느질 기법으로, 이 유물은 현재는 솜이 퇴화되어 없으나 옷을 제작하였을 당시에는 솜 철릭이었을 가능성이 있다. 이헌충 묘에서 출토된 세가닥 바지는 겉감과 안감을 주紬로 만들고 줄줄이 누벼준 누비바지인데 현재 겹 누비 상태로 남아있는 유물이다. 그러나 누비 땀을 0.6cm 간격으로 성글게 누벼준 것으로 보아 원래는 솜을 두텁게 두어 누빔한 솜누비옷으로 추정된다.

이외에도 구성적으로 특별한 세가닥 바지와 거들접음단 치마가 출토되었다. 세가닥 바지는 솜누비로 추정되는 옷이며, 남성의 겨울에 용변보기 쉽도록 기능성을 더하여 준 남성의 방한용 바지이며, 남녀 공용의 가능성도 있는 바지이다. 거들 접음단 치마[B11494]는 상부 중심은 걷어주고 하부는 접어주어 만든 특별한 옷이다. 이러한 사례는 현재 1건이 발표된 바 있으며**, 이번이 2번째 사례이다. 거들치마의 경우 중심을 걷어주어 앞이 짧고 좌우 길이가 긴 형태여서 의례용 치마로 인정받고 있다.

---

* 단국대학교 석주선기념박물관 2007, 韓國服飾, pp.46~49.

** 최연우, 박윤미, 김윤경, 김지희, 박양희, 이선우, 차서연, 편나영, 황혜남 2017, 가평 전주이씨묘 출토복식 고찰, 한국의류학회지, Vol 41, No.5, pp.840~857.

참고 문헌

경기도박물관 2015, 청주양씨 기증 유물전.

단국대학교 석주선기념박물관 2007, 韓國服飾.

송미경 2009, 조선시대 전기 철릭을 통해 본 진주류씨 출토 복식 연대 추정, 韓服文化 12 2.

이은주 1999, 16세기 전기 철릭의 구성법 이례 : 金欽祖 1461~1528 분묘 출토의 철릭을 중심으로, 복식문화연구7 2.

이은주 2010, 출토복식을 통한 정담 丁聃, 1476~?의 몰년 추정, 한복문화 제13권 2호.

全州李氏 守道君派譜編輯委員會 2013, 全州李氏 守道君派譜, 株家乘미디어

최연우, 박윤미, 김윤경, 김지희, 박양희, 이선우, 차서연, 편나영, 황혜남 2017, 가평 전주이씨묘 출토복식 고찰, 한국의류학회지, Vol 41, No.5.

조선시대 세가닥 바지

황진영 국립중앙박물관

Ⅰ. 머리말

바지란 양쪽의 가랑이가 있는 아랫도리이다. 현대에는 서양복식의 흐름에 따라 바지의 형태와 양식은 남녀 차이가 없는 바지로 변화되었으나 조선시대의 바지는 남녀 모두 바지를 입었지만 각각의 역할은 달랐다. 남자는 겉옷의 개념으로 저고리와 함께 바지를 입었으며, 여자는 저고리와 치마 안에 속옷의 용도로 바지를 입었다.

조선시대의 바지는 출토 복식을 통해 다양한 형태로 전해지고 있으며, 그 형태는 개당고, 합당고, 세가닥 바지, 사폭바지, 단속곳, 고쟁이 등 다양하다. 임진왜란 이전에는 바지통, 삼각당과 무, 허리로 구성된 밑이 트인 개당고, 밑이 막히고 허리가 트인 합당고의 속곳형 바지, 그리고 17세기 초까지 개당고와 합당고의 두 양식이 합쳐진 세가닥 바지*가 출토되었다. 그러나 임진왜란 이후에는 남자는 사폭과 마루폭, 허리말기로 구성된 사폭바지를 입고, 여자는 변화 없이 속곳형 바지를 착용하면서 현재까지 전통복식의 바지는 남자는 사폭형, 여자는 속곳형의 바지로 인식되고 있다.

그 중 세가닥 바지는 그 형태가 일반 바지와 다르게 짧은 반바지 형태를 추가로 만들어 한쪽 다리에 겹쳐 주었다. 그 용도는 겨울용으로 용변에 편리

* 발표된 9점의 세가닥 바지 중 윤선언1580-1628만 몰년이 임진왜란壬辰倭亂, 1592-1598 이후이기 때문에 세가닥 바지는 조선전기에만 착용한 것으로 추정된다.

하도록 바지를 벗지 않고 처리하면서 트임 부분을 막아 방한효과도 함께 있는 과학적이고 기능적인 바지[*]이다. 현재까지 세가닥 바지의 용도에 대한 의견은 일치하고 있지만 착용자에 대한 의견이 분분하다. 출토된 수량은 적지만 조선전기 바지의 특징적인 유형을 확인할 수 있는 귀중한 자료이다.

이 글은 17세기 초까지 확인된 세가닥 바지의 구성적 특징을 확인하여 복식 고증과 복원에 도움이 되고자 한다.

II. 세가닥 바지의 구성적 특징

1. 고운 1479-1530 세가닥 바지[**]

고운의 출토복식 중 바지가 5점으로 합당고형 홑바지 4점과 솜으로 구성된 세가닥 바지가 출토되었다. 겉감과 안감을 무명으로 솜을 두텁게 넣어 주변을 1cm 정도 띄고 상침하여 솜을 고정하여 주었다. 짧은 가닥이 트임이 있는 안쪽에 들어가 있는 내형 內形 세가닥 바지이다. 총길이는 101cm, 허리둘레 90×13cm, 부리는 긴 가닥 54cm, 짧은 가닥 48cm이다.

1) 바지통

바지통은 모두 3폭을 이어 만들었고, 트임이 없는 가닥의 옆선은 골선으로 연결하였다. 트임이 있는 쪽으로 55cm의 길이의 짧은 가닥을 부착하였다. 짧은 가닥의 밑아래 길이는 7cm이며, 바지부리는 48cm로 긴 가닥의 부리 54cm보다 좁게 제작하였다. 짧은 가닥은 솜을 두지 않고 겹으로만 구성하였

---

* 박성실 · 고부자 1991,「高揚 陵谷 茂院 出土 羅州丁氏 月軒公派 出土遺物 小考」,『한국복식』 제9호, p.56.

** 광주시립민속박물관편 2000,『하천고운출토유물』, 광주시립민속박물관.

다. 긴 가닥과 짧은 가닥의 바지를 만든 후 짧은 가닥의 겉쪽에 개당고 형의 긴 가닥을 같이 주름 잡아 허리말기를 90×13cm의 겹으로 달아 주었다. 주름의 중심은 3cm 겹치며, 양쪽 주름은 옆트임 방향으로 두 개의 외주름으로 잡아 주었다. 허리에는 22.5cm의 옆트임을 주었고, 허리끈은 흔적만 남아 있다.

2) 바대

긴 가닥의 허리 말기 아래로 44.5cm 내려와 13.5×13cm의 삼각형 당을 겹으로 달아 주었고, 삼각무 아래쪽은 골선으로 되어 있다. 짧은 가닥의 가랑이 사이에는 사다리꼴형의 가래바대를 달아 주었다. 허리 앞 중심선에서 높이 46cm, 윗변 5cm, 밑변 19cm로 밑변의 양끝에는 밑변이 골선으로 4cm×4cm의 삼각당을 추가로 달아 주었다.

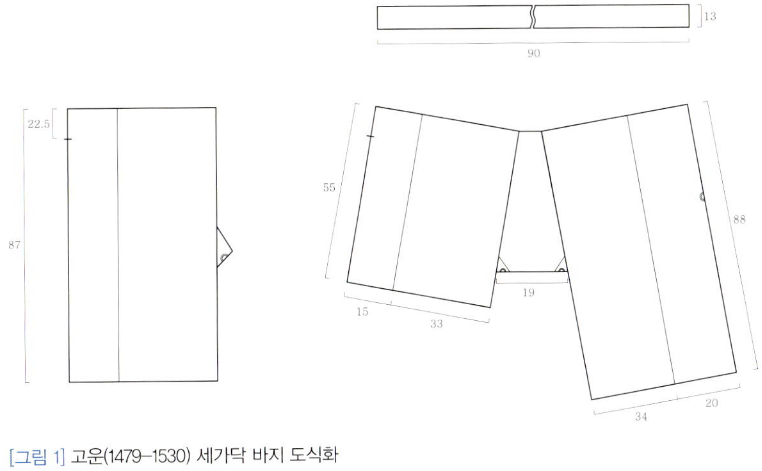

[그림 1] 고운(1479–1530) 세가닥 바지 도식화

2. 임백령 1498~1546 세가닥 바지1*

짧은 가락이 겉으로 드러나는 외형外形 세가닥 바지로 겉감과 안감을 명주로 원래는 솜 누비였으나 현재는 겹 누비 상태로 남아 있다. 7cm 간격으로 누벼 주었다. 총 길이는 112cm, 허리둘레 108×15cm, 부리는 긴 가닥 43cm, 짧은 가닥 59cm이다.

1) 바지통

바지통은 모두 3폭을 이어 만들었고, 트임이 있는 긴 가닥과 짧은 가닥의 옆선은 골선으로 연결하였다. 트임이 있는 반대쪽에 67cm길이의 짧은 가닥을 긴 가닥 위로 부착하였다. 짧은 가닥의 밑아래 길이는 12cm이며, 바지부리는 59cm로 긴 가닥의 부리 43cm보다 넓게 제작하였다. 짧은 가닥은 7cm 간격으로 누벼 주었다. 긴 가닥과 짧은 가닥의 바지를 별도로 주름 잡아 108×15cm의 허리말기를 달아 주었다. 주름의 중심은 맞주름이며 짧은 가닥의 옆선도 맞주름으로 잡아 주었다. 허리에는 17.5cm의 옆트임을 주었고, 허리끈은 5cm너비의 흔적만 남아 있다.

2) 바대

짧은 가닥의 가랑이 사이에는 사다리꼴형의 가래바대를 달아 주었다. 허리 앞 중심선에서 높이 53cm, 윗변 10cm, 밑변 28cm로 밑변이 골선으로 되어 있다. 안으로 들어가 있는 긴 가닥은 허리 말기 아래로 삼각당 대신 높이 53cm 너비 14.5cm의 직사각형 바대로 달아 주었다.

---

* 단국대학교 석주선기념박물관 소장.

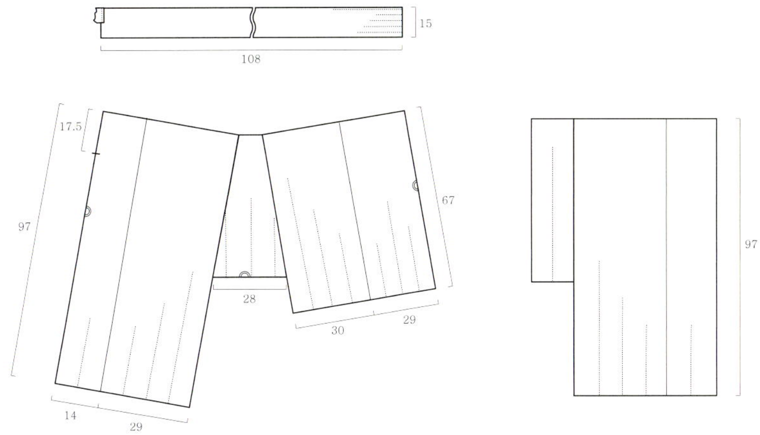

[그림 2] 임백령(1498~1546) 세가닥 바지1 도식화

3. 임백령 1498~1546 세가닥 바지2

짧은 가락이 겉으로 드러나는 외형外形 세가닥 바지로 겉감과 안감을 명주로 원래는 솜 누비였으나 현재는 겹 누비 상태로 남아있다. 1.7~2cm 간격으로 누벼 주었다. 총길이는 113cm, 허리둘레 108×15cm, 부리는 긴 가닥 45cm, 짧은 가닥 62cm이다.

1) 바지통

바지통은 모두 3폭을 이어 만들었고, 옆선은 모두 골선으로 연결하였다. 트임이 있는 반대쪽에 70cm길이의 짧은 가닥을 긴 가닥 위로 부착하였다. 짧은 가닥의 밑아래 길이는 19cm이며, 바지부리는 62cm로 긴 가닥의 부리 45cm보다 넓게 제작하였다. 짧은 자락은 1.7~2cm 간격으로 누벼 주었다. 긴 가닥과 짧은 가닥의 바지를 별도로 주름 잡아 108×15cm의 허리말기를 달아 주었다. 주름의 중심은 맞주름이며 짧은 가닥의 옆선도 맞주름으로 잡아 주었다. 허리에는 16cm의 옆트임을 주었고, 허리끈은 46.5×7cm로 부착하였다.

2) 바대

짧은 가닥의 가랑이 사이에는 사다리꼴형의 가래바대를 달아 주었다. 허리 앞 중심선에서 높이 55cm, 윗변 5cm, 밑변 14cm로 되어 있다. 안으로 들어가 있는 긴 가닥은 허리 말기 아래로 삼각당 대신 높이 50.5cm 너비 14cm의 직사각형 바대를 달아 주었다.

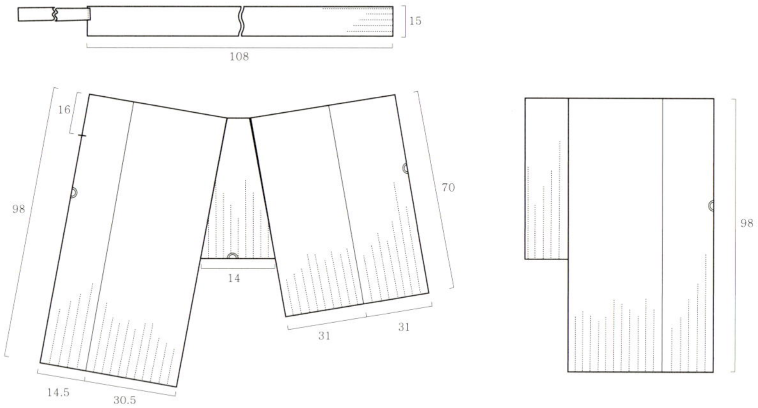

[그림 3] 임백령(1498~1546) 세가닥 바지2 도식화

4. 정응두 1508-1572 세가닥 바지*

짧은 가락이 겉으로 드러나는 외형外形 세가닥 바지로 겉감과 안감을 명주로 솜을 두텁게 넣어 8cm간격으로 누벼 주었다. 부리가 좁아지는 형태로 바람막이 역할과 함께 용변이 편리한 구성이다. 총길이는 106cm, 허리둘레 125×10cm, 부리는 긴 가닥 41cm, 짧은 가닥 83cm이다.

1) 바지통

바지통은 모두 5폭을 이어 만들었고, 옆선은 모두 골선으로 연결하였다.

---

* 박성실 · 고부자 1991, 앞의 논문, pp.45~57.

트임이 있는 쪽에 59cm 길이의 짧은 가닥을 긴 가닥 위로 부착하였다. 짧은 가닥의 밑 아래 길이는 7cm이며, 바지부리는 83cm로 긴 가닥의 부리 41cm보다 두 배 넓게 제작하였다. 긴 가닥의 바지부리는 2cm 너비의 별단이 안으로 들어가 있다. 짧은 가닥은 밑바대부터 15cm까지만 솜을 얇게 두고 누벼 주었고, 나머지는 홑으로 부리를 0.3cm 공그르기 하였다. 긴 가닥과 짧은 가닥의 바지를 함께 주름 잡아 125×10cm의 허리말기를 달아 주었다. 주름의 중심은 맞주름이며 짧은 가닥의 옆선도 맞주름으로 잡아 주었다. 허리에는 17.5cm의 옆트임을 주었고, 제물단으로 바느질하였다. 허리끈은 4cm너비의 흔적만 남아 있다.

2) 바대

짧은 가닥의 가랑이 사이에는 사다리꼴형의 가래바대를 달아 주었다. 허리 앞 중심선에서 높이 61cm, 윗변 7cm, 밑변 16cm로 되어 있다. 밑변이 골선으로 달아 주었다. 안으로 들어가 있는 긴 가닥은 허리 말기 아래로 57.5cm 내려와 14cm×7.5cm의 삼각형 당이 달리고, 2cm 너비의 별단을 덧대어 주었다.

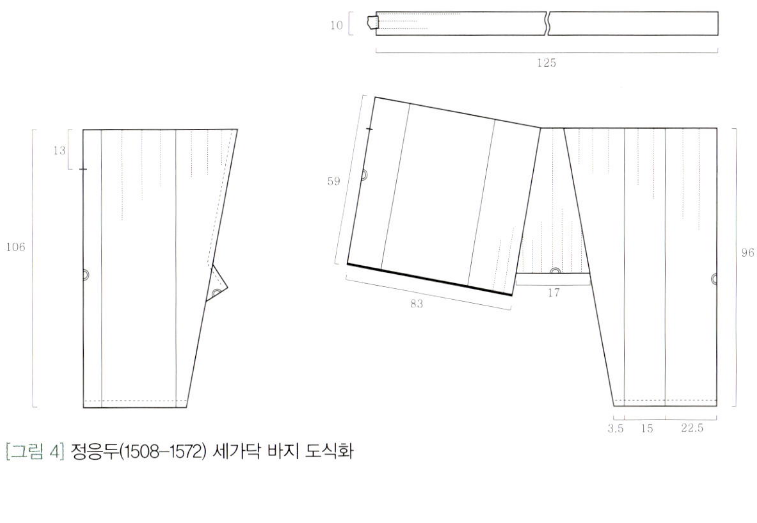

[그림 4] 정응두(1508–1572) 세가닥 바지 도식화

5. 남양홍씨 1550년대 세가닥 바지*

짧은 가락이 안으로 들어가는 내형內形 세가닥 바지로 겉감과 안감을 명주로 솜을 두텁게 넣어 8cm간격으로 누벼 주었다. 부리가 좁아지는 형태로 추위에 다리 아래로 바람이 들어오지 않는 역할을 했을 것으로 보인다. 총 길이는 106.5cm, 허리둘레 101×10.5cm, 부리는 긴 가닥 29.5cm, 짧은 가닥 62cm이다.

1) 바지통

바지통은 긴 가닥 4폭, 짧은 가닥 5폭을 이어 만들었고, 짧은 가닥의 옆선은 골선으로 연결하였다. 트임이 있는 쪽에 53.5cm 길이의 짧은 가닥을 긴 가닥 안으로 부착하였다. 짧은 가닥의 밑아래 길이는 11cm이며, 바지부리는 62cm로 긴 가닥의 부리 29.5cm보다 두 배 넓게 제작하였다. 긴 가닥의 바지부리에는 4.5cm 너비의 별단을 무명으로 안쪽에 덧대어 주었다. 짧은 가닥의 중심부는 겉보다는 솜을 얇게 넣어 8cm 간격으로 누벼 주었으며 옆면은 누비지 않은 겹으로 되어 있다. 긴 가닥과 짧은 가닥의 바지를 함께 주름 잡아 101×10.5cm의 허리말기를 달아 주었다. 주름의 중심은 3cm 겹치며, 양쪽 주름은 중심 방향으로 두 개의 외주름으로 잡아 주었다. 허리에는 13cm의 옆트임을 주었고, 허리끈은 103×4cm로 부착하였다.

2) 바대

긴 가닥의 허리 말기 아래로 41cm 내려와 15.5cm×8cm의 삼각형 당이 달렸으며, 사각형을 반 접어 골선이 아래로 향하게 부착하였다. 짧은 가닥의 가랑이 사이에는 사다리꼴형의 가래바대를 달아 주었다. 허리 앞 중심선에서

---

* 단국대학교 석주선기념박물관 제2회 출토복식 특별전 1982,「高揚 陵谷 茂院 出土 羅州丁氏 月軒公派 出土服飾」에서는 남양홍씨의 생몰년을 1450년대 전후로 발표하였으나 박성실 2006, 앞의 논문, pp.99~131을 통해 1550년대로 수정되었다.

높이 54cm, 윗변 7cm, 밑변 27cm로 6~7간격으로 누벼 주었다.

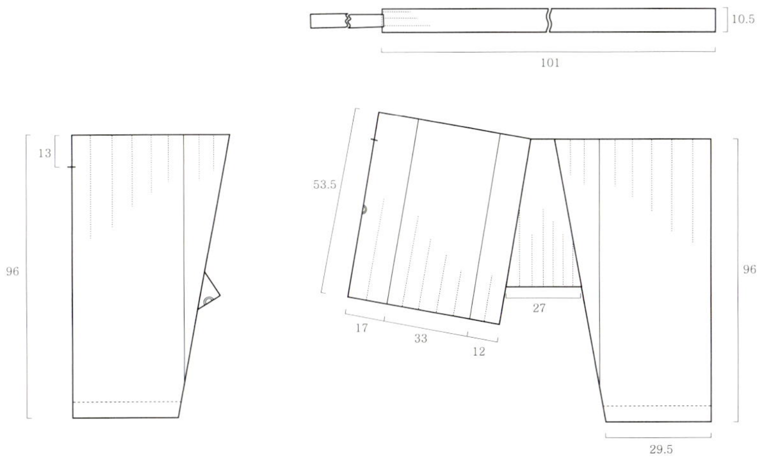

[그림 5] 남양홍씨(1550년대) 세가닥 바지 도식화

6. 벽진이씨 ?~1585 세가닥 바지*

짧은 가락이 안으로 들어가는 내형內形 세가닥 바지로 겉감과 안감을 무명로 솜을 두텁게 넣어 0.8~1.2cm 간격으로 좁게 누벼 주었다. 총길이는 84cm, 허리둘레 108×10cm, 부리는 긴 가닥 58.5cm, 짧은 가닥 68.5cm이다. 허리말기에 어깨끈의 흔적이 남아있다. 옆트임을 오른쪽으로 놓았을 때를 기준하여 바지 앞면 양쪽의 가랑이 바깥쪽으로 10cm 길이의 끈이 부착되어 있지만 이 끈의 용도는 정확히 알 수 없다.

1) 바지통

바지통은 모두 4폭으로 이어 만들었고, 긴 가닥의 옆선은 골선으로 연결

* 박성실 1992, 앞의 논문, pp.229~258.

하였다. 트임이 있는 쪽에 52cm 길이의 짧은 가닥을 긴 가닥 안으로 부착하였다. 짧은 가닥의 밑아래 길이는 11.5cm이며, 바지부리는 68.5cm로 긴 가닥의 부리 58.5cm보다 넓게 제작하였다. 긴 가닥의 바지부리는 눈썹단으로 제작하였다. 짧은 가닥은 솜 없이 겹으로 되어 있다. 긴 가닥과 짧은 가닥의 바지를 함께 주름 잡아 108×10cm의 허리말기를 달아 주었다. 주름의 중심은 3cm 겹치며, 양쪽 주름은 중심 방향으로 두 개의 외주름으로 잡아 주었다. 허리 중심에는 2.2cm너비의 어깨끈의 흔적이 앞뒤 모두 남아있다. 허리에는 14.5cm의 옆트임을 주었고, 겉 0.2cm, 안 0.7cm의 눈썹단으로 되어 있다. 허리끈은 5.3cm 너비의 흔적만 남아 있다.

2) 바대

긴 가닥의 허리 말기 아래로 21cm 내려와 17cm×12cm의 삼각형 당이 달렸으며, 골선이 아래로 향하게 부착하였다. 짧은 가닥의 가랑이 사이에는 사다리꼴형의 가래바대를 달아 주었다. 허리 앞 중심선에서 높이 38cm, 윗변 12cm, 밑변 33cm로 1~2cm 간격으로 누벼 주었다.

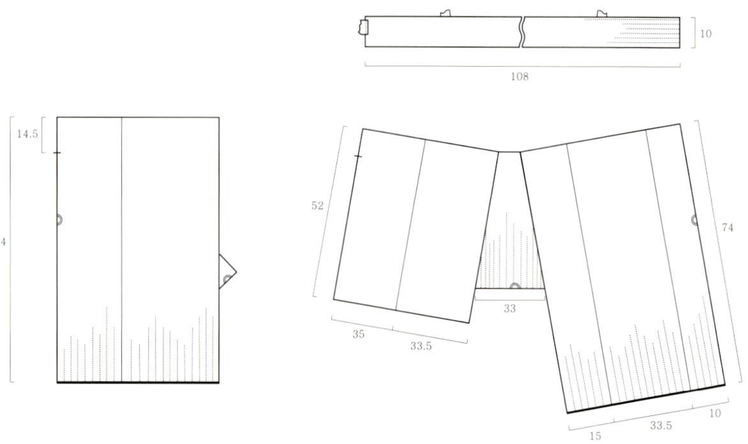

[그림 6] 벽진이씨(?–1585) 세가닥 바지 도식화

7. 이헌충 1505-1603 세가닥 바지

이 부분은 앞의 논고로 대신하고자 한다.

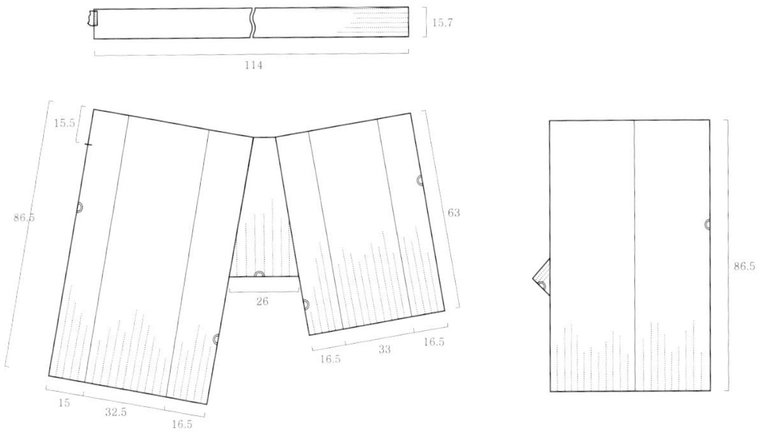

[그림 7] 이헌충(1505–1603) 세가닥 바지 도식화

8. 강절의 배위 한산이씨 1500후반-1600초 세가닥 바지*

5벌의 바지 중 세가닥 바지는 네 번째 착용한 수의이다. 짧은 가락이 안으로 들어가는 내형內形 세가닥 바지이다. 부리가 좁아지는 형태로 겉감과 안감을 무명으로 솜을 두텁게 넣어 부리에는 4.2cm 위로 6.5cm 간격으로 상침하여 솜을 고정하여 주었다. 총 길이는 106.5cm, 허리둘레 112×10.5cm, 부리는 긴 가닥 30.5cm, 짧은 가닥 51.5cm이다.

* 한국전통복식연구소 2001, 「진주 강씨 부인 한산 이씨, 충주 박씨 묘 출토복식 조사 보고서」.

1) 바지통

바지통은 모두 3폭으로 이어 만들었고, 옆선은 모두 골선으로 연결하였다. 트임이 있는 반대쪽에 52cm길이의 짧은 가닥을 긴 가닥 안으로 부착하였다. 짧은 가닥의 밑 아래 길이는 13cm이며, 바지부리는 51.5cm로 긴 가닥의 부리 30.5cm보다 넓게 제작하였다. 바지부리는 4.2cm 위로 6.5cm 간격으로 상침하여 제작하였다. 짧은 가닥은 솜 없이 겹으로 되어 있다. 긴 가닥과 짧은 가닥의 바지를 함께 주름 잡아 112×10.5cm의 허리말기를 달아 주었다. 주름의 중심은 맞주름, 양쪽 주름은 중심 방향으로 3개씩 외주름으로 잡아 주었다. 허리에는 20cm의 옆트임을 주었고, 1.2cm의 별단을 덧대주고, 2.5×2.5cm 크기의 정사각형을 접은 작은 삼각당을 달아 주었다.

2) 바대

긴 가닥의 허리 말기 아래로 33cm 내려와 10cm×6cm의 삼각형 당이 달렸으며, 골선이 아래로 향하게 부착하였다. 짧은 가닥의 가랑이 사이에는 사다리꼴형의 가래바대를 달아 주었다. 허리 앞 중심선에서 높이 39cm, 윗변 7cm, 밑변 15^{12+13}cm로 밑변의 양끝에는 밑변이 골선으로 2.5cm×2.5cm의 정사각형을 접은 작은 삼각당을 추가로 달아 주었다.

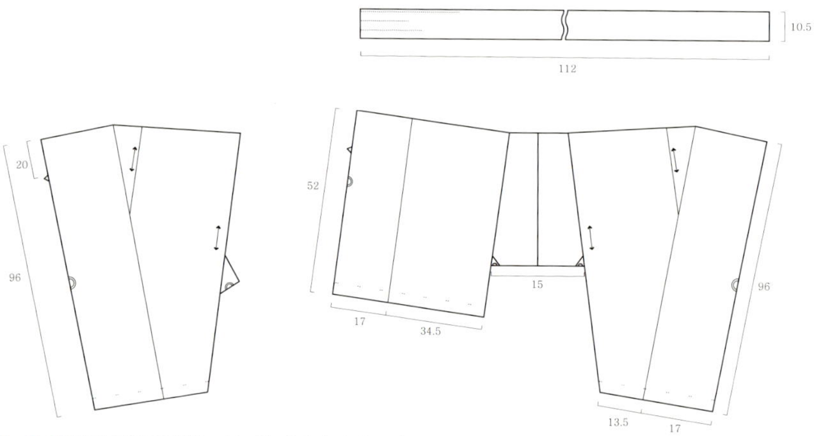

[그림 8] 한산이씨(1500후반-1600초) 세가닥 바지 도식화

9. 윤선언 1580-1628 세가닥 바지[*]

5벌의 바지 중 세가닥 바지는 가장 속에 입었던 수의이다. 짧은 가락이 안으로 들어가는 내형內形 세가닥 바지이다. 겉감과 안감을 명주로 얇은 풀솜을 넣어 7cm 간격으로 누벼 주었다. 총길이는 100.5cm, 허리둘레 92×10.5cm, 부리는 긴 가닥 52cm, 짧은 가닥 69cm이다.

1) 바지통

바지통은 긴 가닥 3폭, 짧은 가닥은 4폭을 이어 만들었고, 옆선은 트임쪽 가닥을 제외하고 골선으로 연결하였다. 트임이 있는 반대 쪽에 65cm길이의 짧은 가닥을 긴 가닥 안으로 부착하였다. 짧은 가닥의 밑아래 길이는 21cm이며, 바지부리는 69cm로 긴 가닥의 부리 52cm보다 넓게 제작하였다. 짧은 가닥은 누벼 주지 않고 겹으로 되어 있다. 긴 가닥과 짧은 가닥의 바지를 별도로 주름 잡아 92×10.5cm의 허리말기를 달아 주었다. 주름의 중심은 3cm 겹치며, 양쪽 주름은 외주름과 트임이 없는 옆선은 맞주름을 잡아 주었다. 허리에는 15cm의 옆트임을 주었고, 허리끈은 94[67]×5cm로 부착하였다.

2) 바대

긴 가닥의 허리 말기 아래로 37.5cm 내려와 12cm×12cm의 삼각형 당이 달렸으며, 골선이 아래로 향하게 부착하였다. 짧은 가닥의 가랑이 사이에는 사다리꼴형의 가래바대를 달아 주었다. 허리 앞 중심선에서 높이 45.5cm, 윗변 4cm, 밑변 24.5cm로 밑변이 골선으로 달아 주었다.

---

* 석주선기념박물관 2009,『해남윤씨 귤정공파 광주출토 유물』, 경기: 단국대학교 출판부.

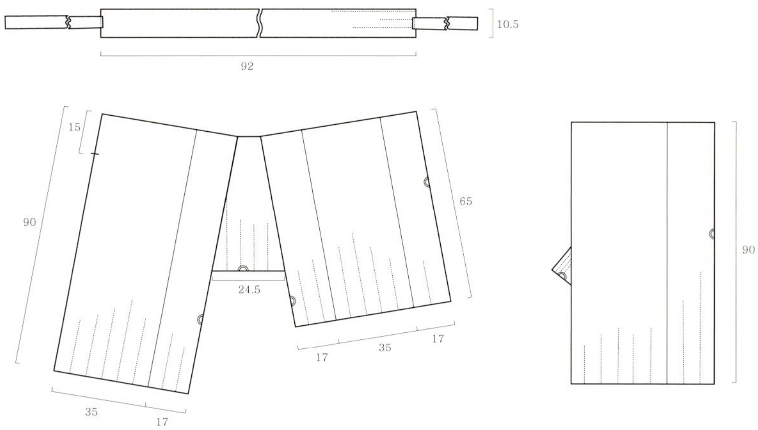

[그림 9] 윤선언 (1580–1628) 세가닥 바지 도식화

III. 맺음말

현재까지 조선시대 분묘에서 출토된 9점의 세가닥 바지의 유형과 특징을 연구한 결과는 다음과 같다.

첫째, 세가닥 바지는 모두 15~17세기 초에 만 출토되고 당시에 유행되었던 형태일 것으로 추정된다

둘째, 짧은 바지 가닥이 겉으로 배치가 되는 세가닥 바지 3점과 짧은 자락이 속으로 들어가는 세가닥 바지 6점으로 구분할 수 있다.

셋째, 이중으로 구성되어 추운 날씨에 방한효과와 함께 바지를 벗지 않으면서 용변에 편리하도록 실용적인 기능의 바지로 볼 수 있다. 그리고 밑이 막히고 부리통이 넓은 바지를 입고 그 위에 밑이 트이고 부리가 좁은 바지를 입게 되는데 가랑이 사이로 안쪽 바지의 부리를 꺼내어 용변을 보기 때문에 틈 사이로 올리기 번거로워 조금 더 쉽고 빠르게 용변을 볼 수 있도록 절충하여 만든 것으로 생각된다.

넷째, 조선전기에는 남녀 모두 속곳 형태의 바지를 착용하였으며, 세가닥 바지도 마찬가지로 남녀 모두 착용하였으나 형태의 특성상 여자보다는 남자가 사용하기 편리할 것으로 생각된다.

위와 같은 연구 결과는 적은 유물의 수량으로 인해 정확한 판단과 남녀용의 구분을 하기에는 부족한 점이 있다. 그러나 당시의 조형적인 감각과 실용적인 의생활을 확인 할 수 있는 중요한 유물인 것에 큰 의미가 있다. 추후 세가닥 바지가 발굴되어 더 자세한 연구가 되기를 기대한다.

도식화

1. 이현층 유물 도식화

명정 No.11470

구성	홑
소재(겉/안)	초
옷감 너비	62
길이	201
너비	62
비고	通訓大夫 行 工曹正郎 李公之柩

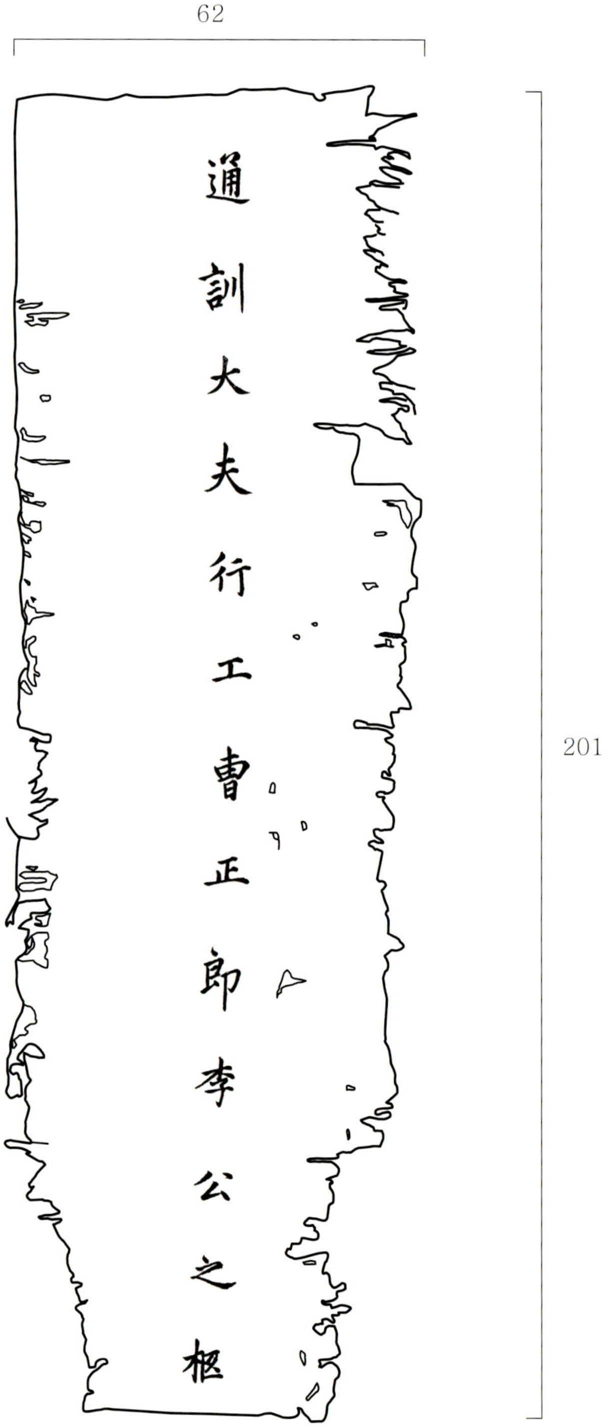

답호 No.11471

구성		겹
소재		명주
옷감 너비		겉: 35
길	길이	뒤 144.5 / 앞 136
	화장	50(34+16)
	뒤품	68
소매	진동	52.5
	소매 너비	51.5
	수구	51
고대		20
깃	깃 총길이	142
	깃 너비	15.5(6.7+8.7)
	겉깃 길이	68
	안깃 길이	58
	동정 너비	흔적 있음
	동정 시작점	
섶	겉섶 너비(上/下)	34.5 / 59
	겉섶 길이(內/外)	85.5 / 117
	안섶 너비(上/下)	6.7 / 28.5
	안섶 길이(內/外)	95.5 / 76.7
겨드랑밑 길이		17
무	너비(上/下)	20 / -
	앞 길이(內/外)	75 / 63
	뒤 길이(內/外)	78 / 67
	속주름	5.5
	바대	상4 / 하4.5 / 길이7
도련	뒤 / 겉섶 / 안섶	169 / 140 / 114
고름	겉	두쌍고름 너비2
	안	탈락
비고		하향 각무 / 무 도련 주름 없이 펼쳐 있음

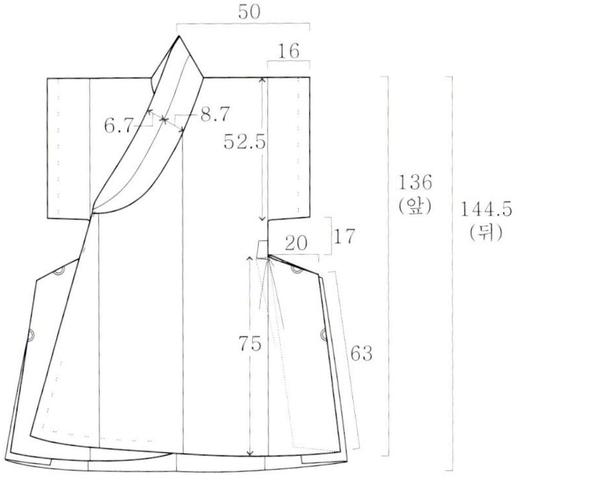

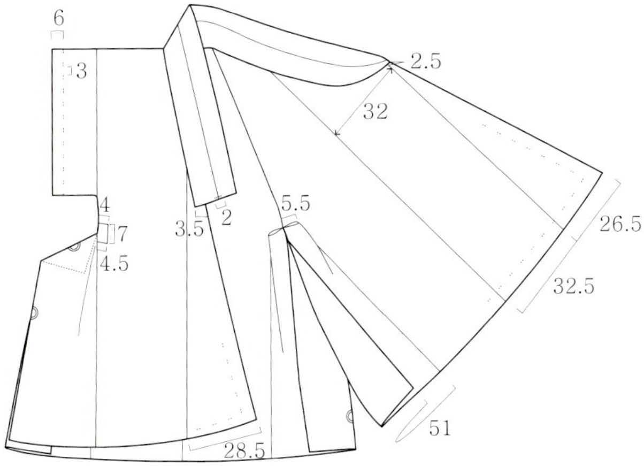

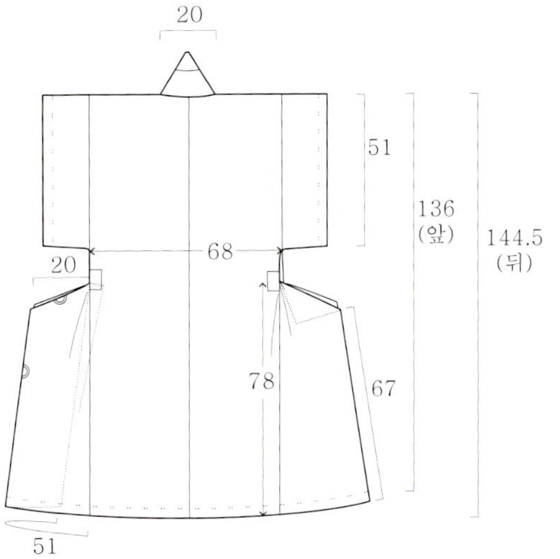

답호 No.11472

구성		겹
소재		명주
옷감 너비		겉: 35
길	뒤 길이	141.5
	화장	50.5(34+16.5)
	뒤품	68
소매	진동	48
	소매 너비	47.5
	수구	47.5
고대		19
깃	깃 총길이	152
	깃 너비	15.3(6.8+8.5)
	겉깃 길이	69.5
	안깃 길이	64.2
	동정 너비	흔적 있음
	동정 시작점	
섶	겉섶 너비(上/下)	35 / 62.8
	겉섶 길이(內/外)	119.5 / 87.5
	안섶 너비(上/下)	6.5 / 28.7
	안섶 길이(內/外)	85.5 / 74.5
겨드랑밑 길이		14
무	너비(上/下)	19 / -
	앞길이(內/外)	75 / 63
	뒤 길이(內/外)	72.5 / 65
	속주름	4.5
	바대	상4 / 하4.5 / 길이6.5
도련	뒤 / 겉섶 / 안섶	168 / 147 / 113
고름	겉	두쌍고름
	안	탈락
비고	하향 삼각무 / 앞뒤 길이 동일	

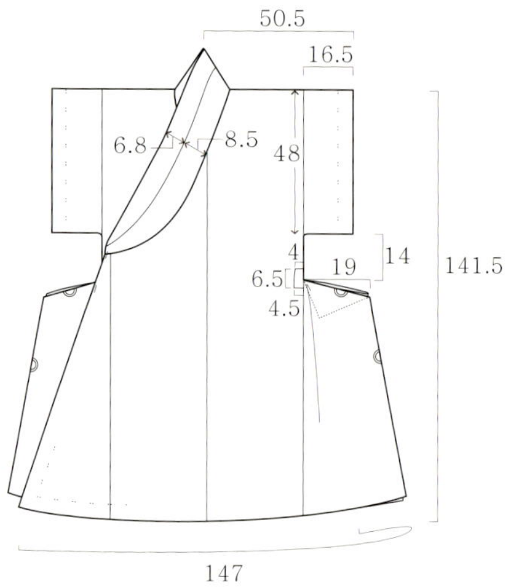

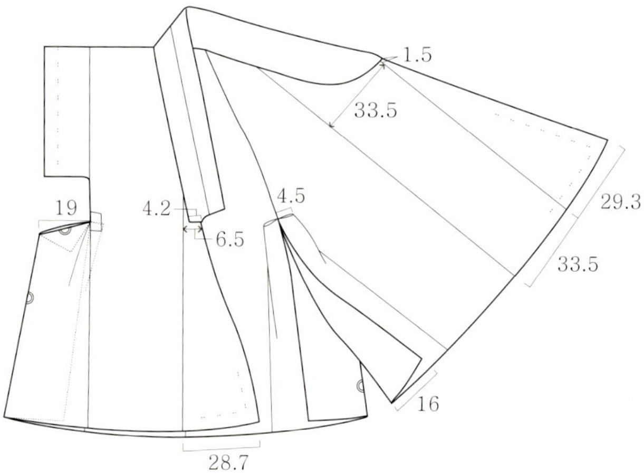

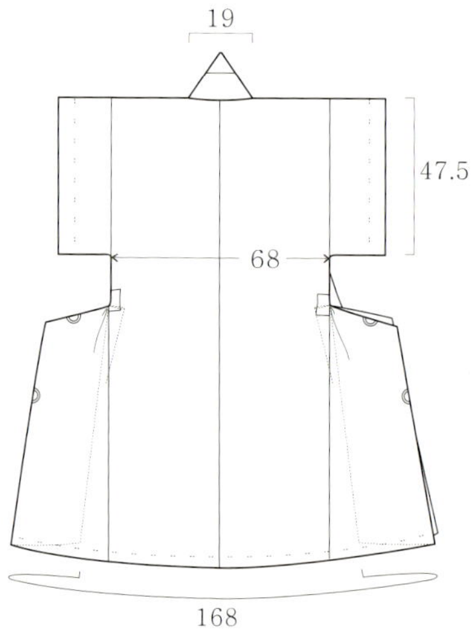

철릭 No.11473

구성		겹
소재		명주
옷감 너비		겉: 35
길	길이	125(衣 66.5 / 裳 58.5)
	화장	123.5(34.5+34.3+34.5+20)
	뒤품	68
소매	진동	46
	소매 너비	43.5
	수구	34.5
고대		19.5
깃	깃 총길이	138
	깃 너비	14.8(6.5+8.3)
	겉깃 길이	63.5
	안깃 길이	56.5
	동정 너비	5.7
	동정 시작점	30
섶	겉섶 너비(上/下)	32.5 / 34
	겉섶 길이(內/外)	16.5 /46.7
	안섶 너비(上/下)	4.8 / 6
	안섶 길이(內/外)	23.7 / 8
겨드랑밑 길이		16
裳	폭 수 / 1폭 너비	13폭 / 34
	겉섶쪽 너비	190
	안섶쪽 너비	69
	뒤쪽 너비	194
	주름 너비	0.2~0.3/0.6~0.8
	주름 특징	잔주름
고름	겉	넓은 고름 너비 4.5 / 좁은 고름 너비 2
	안	탈락
비고	넓은 고름 下, 좁은 고름 上	

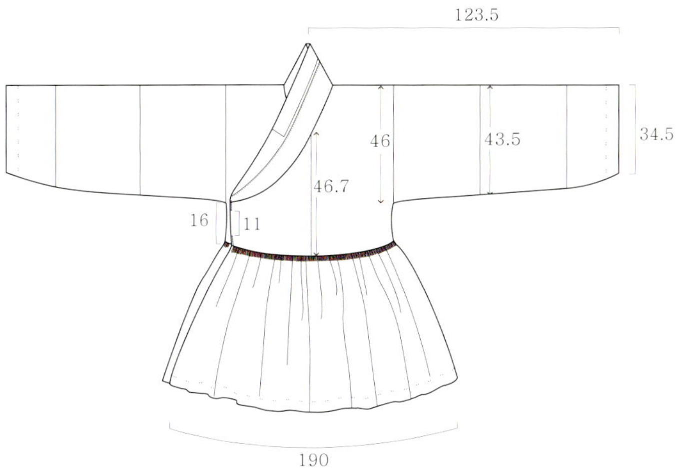

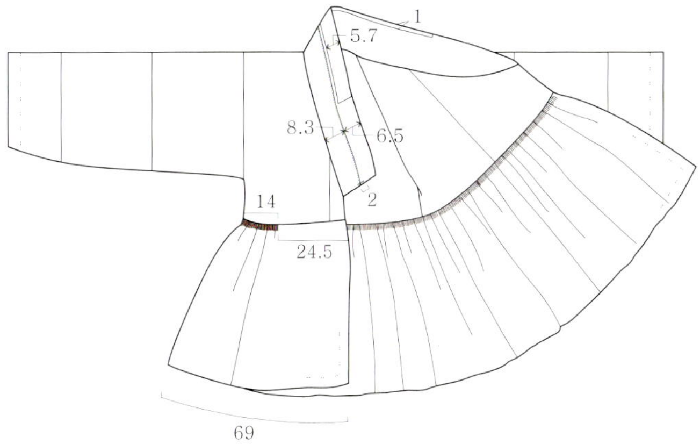

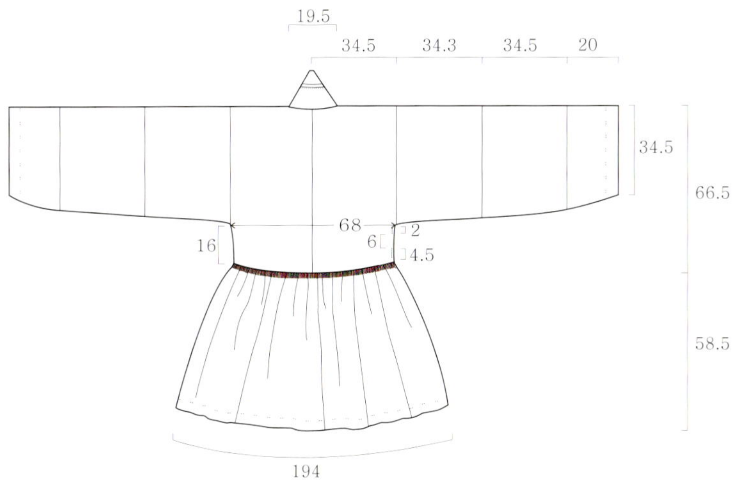

철릭 No.11474

구성		겹
소재		명주
옷감 너비		겉: 35
길	길이	128.5(衣 70 / 裳 58.5)
	화장	123.5(38.5+85)
	뒤품	66.5
소매	진동	47.5
	소매 너비	47
	수구	37.5
고대		22
깃	깃 총길이	142.5
	깃 너비	15(6.7+8.3)
	겉깃 길이	63.5
	안깃 길이	60
	동정 너비	5.5 흔적
	동정 시작점	32.5 흔적
섶	겉섶 너비(上/下)	33 / 34.5
	겉섶 길이(內/外)	51 / 19.5
	안섶 너비(上/下)	5 / 7
	안섶 길이(內/外)	22.5 / 9
겨드랑밑 길이		20
裳	폭 수 / 1폭 너비	15폭 / 35
	겉섶쪽 너비	213
	안섶쪽 너비	68
	뒤쪽 너비	234
	주름 너비	0.2~0.3/0.8~1.2
	주름 특징	잔주름
고름	겉	너비 2.3 / 두쌍고름
	안	31 × 2.5
	바대	21 × 3
비고		탈착식 소매 8cm 겹침 / 쌍밀이 단추 앞 3, 뒤 3, 상하 1개씩

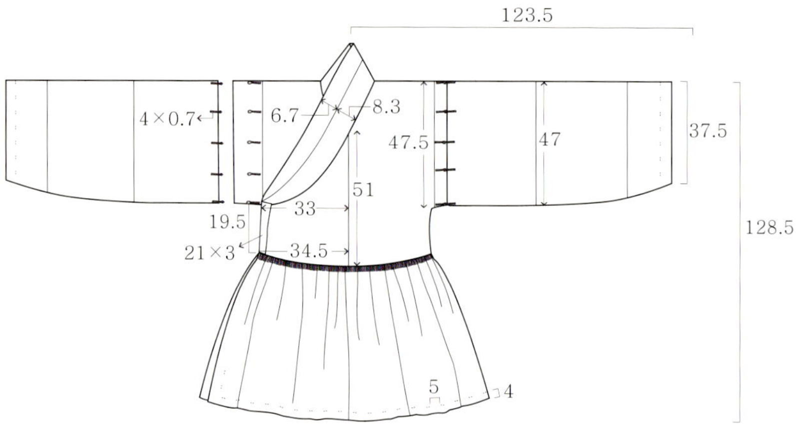

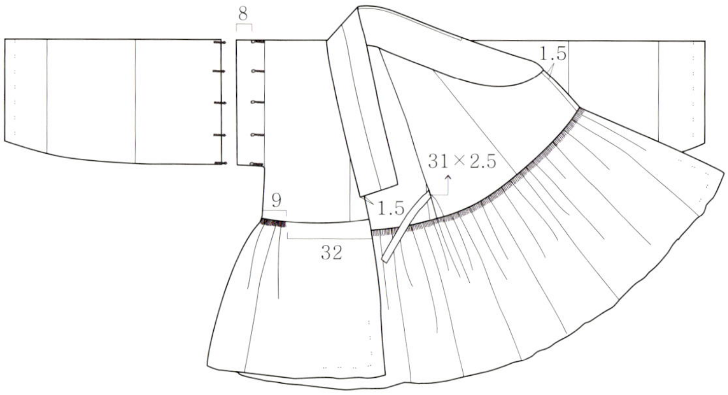

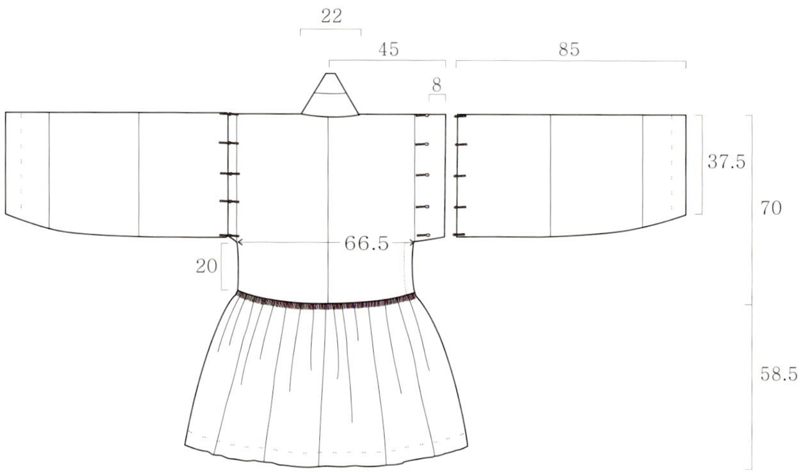

철릭 No. 11475

구성		솜 추정
소재		명주
옷감 너비		겉: 34
길	길이	123(67+56)
	화장	123(33.5+33.5+33+23)
	뒤품	67
소매	진동	43.5
	소매 너비	41.5
	수구	35
고대		20
깃	깃 총길이	138
	깃 너비	14.5(6.5+7.5)
	겉깃 길이	64
	안깃 길이	53
	동정 너비	6.5 흔적
	동정 시작점	-
섶	겉섶 너비(上/下)	33 / 35
	겉섶 길이(內/外)	48.5 / 18.5
	안섶 너비(上/下)	5 / 6.7
	안섶 길이(內/外)	23.5 / 9
겨드랑 밑 길이		14
사각 접은 삼각무		5.8 × 5.8
裳	폭 수 / 1폭 너비	14폭 / 34
	겉섶쪽 너비	200
	안섶쪽 너비	58.5
	뒤쪽 너비	212
	주름 너비	0.2~0.3 / 1
	주름 특징	잔주름
고름	겉	넓은 고름 너비 6 / 좁은 고름 너비 2
	안	탈락 1.8 흔적
비고	넓은 고름 下, 좁은 고름 上	

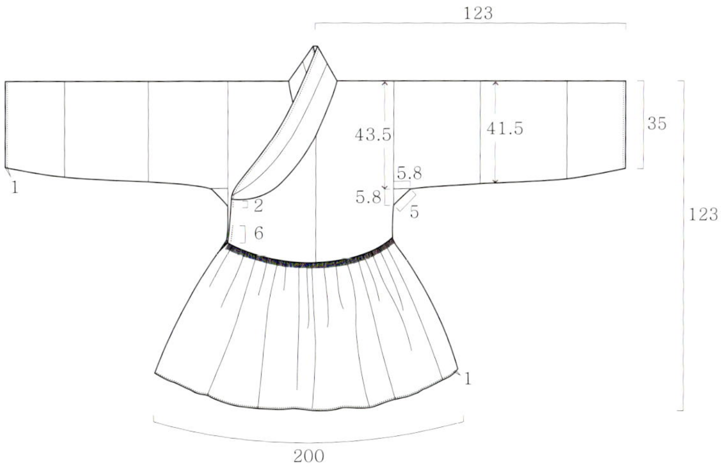

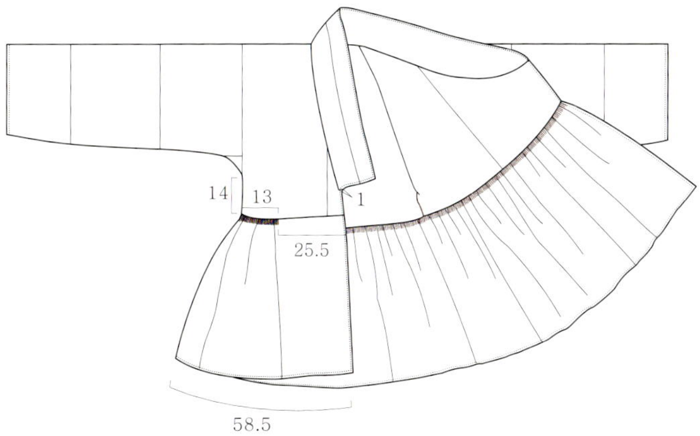

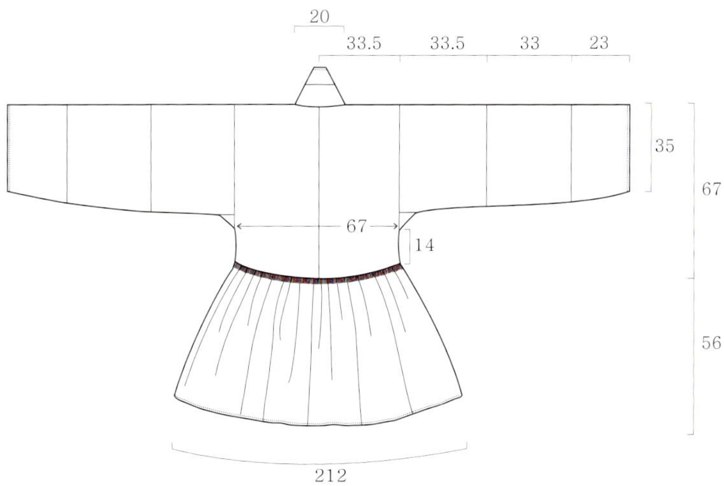

철릭 No.11476

구성		겹
소재		명주
옷감 너비		겉: 34
길	길이	125(69+56)
	화장	123(44+89)
	뒤품	67
소매	진동	45.5
	소매 너비	45.5-44
	수구	34.5
고대		18.5
깃	깃 총길이	141
	깃 너비	14.5(5.7+8.8)
	겉깃 길이	62.5
	안깃 길이	59
	동정 너비	알 수 없음
	동정 시작점	-
섶	겉섶 너비(上/下)	32 / 33.7
	겉섶 길이(內/外)	49 / 16.2
	안섶 너비(上/下)	4.5 / 6
	안섶 길이(內/外)	23 / 7.5
겨드랑 밑 길이		18
裳	폭 수 / 1폭 너비	14폭 / 34
	겉섶쪽 너비	209
	안섶쪽 너비	63.5
	뒤쪽 너비	214
	주름 너비	0.2~0.3 / 1
	주름 특징	잔주름
고름	겉	두쌍 고름 흔적
	안	32.5×1.7
비고	탈착식 소매 8.5cm 겹침 → 끈 여밈 여밈 끈: 14.7 × 0.5	

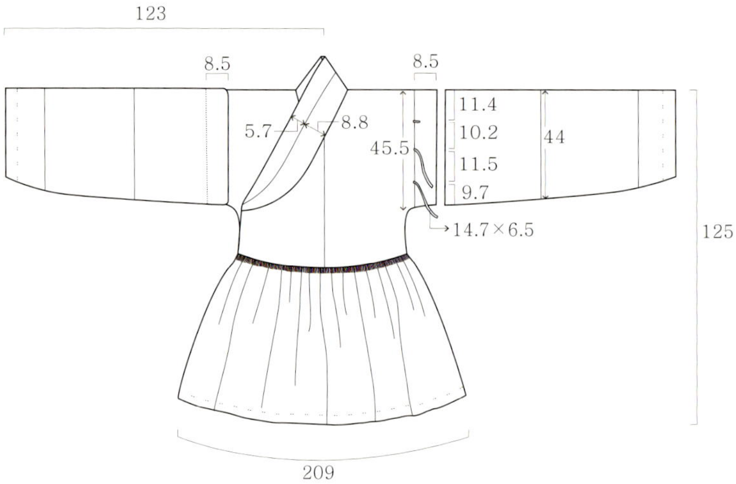

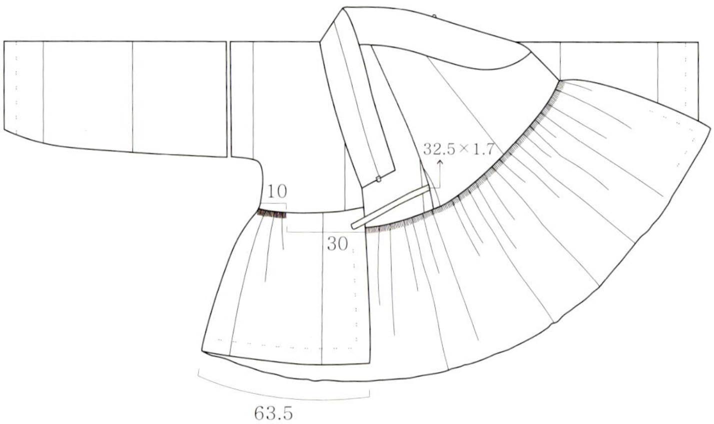

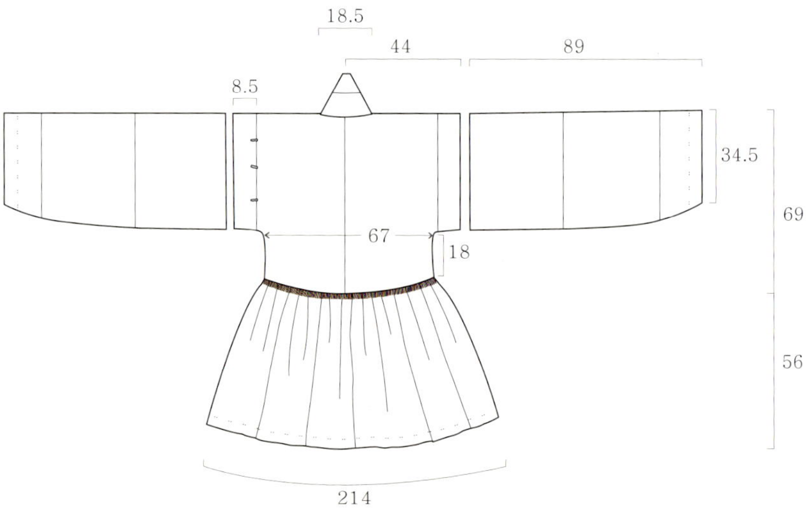

액주름 No.11477

구성		솜누비
소재		명주
옷감 너비		겉: 34
길	길이	120.5
	화장	118(28+31+29.5+27)
	뒤품	69
소매	진동	41.5
	소매 너비	40
	수구	34.7
고대		20
깃	깃 총길이	131
	깃 너비	14(5.8+8.2)
	겉깃 길이	59.5
	안깃 길이	57
	동정 너비	5.5
	동정 시작점	27.8
섶	겉섶 너비(上/下)	29 / 51
	겉섶 길이(內/外)	103 / 78.3
	안섶 너비(上/下)	5.5 / 24
	안섶 길이(內/外)	72 / 63
겨드랑 밑 길이		20
사다리꼴무		5.8 × 5.8
무	너비(上/下)	5.5 / 38
	길이(內/外)	61.5 / 59.5
도련	뒤 / 겉섶 / 안섶	140 / 117 / 93
고름	겉	넓은 고름 너비 4.5
	안	26.5 × 1.7
누비 간격		2~2.2
비고		고름: 두쌍고름 흔적 도련: 눈썹단 추정

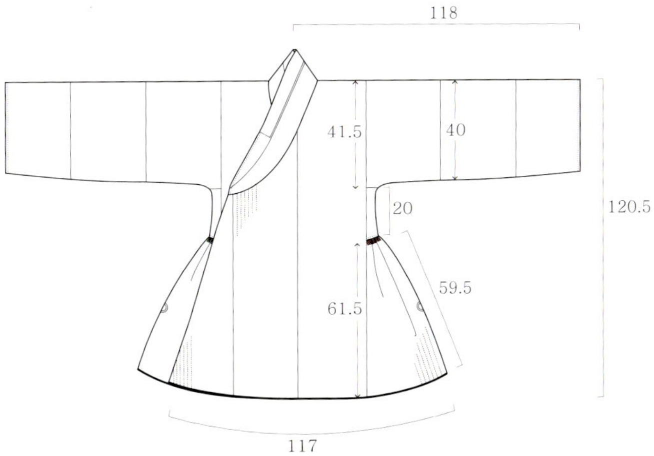

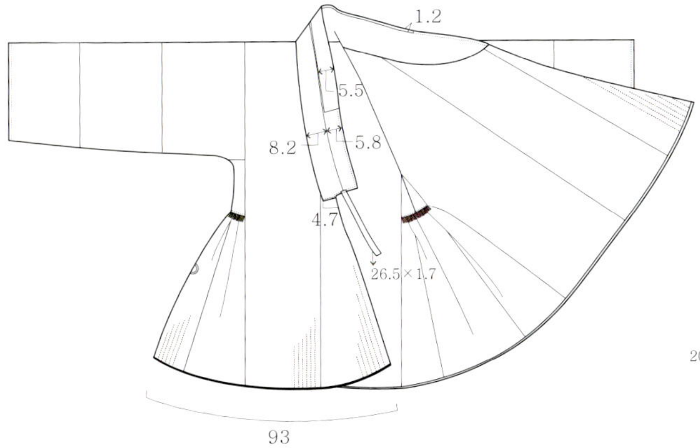

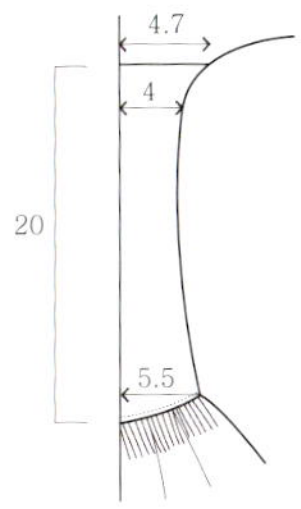

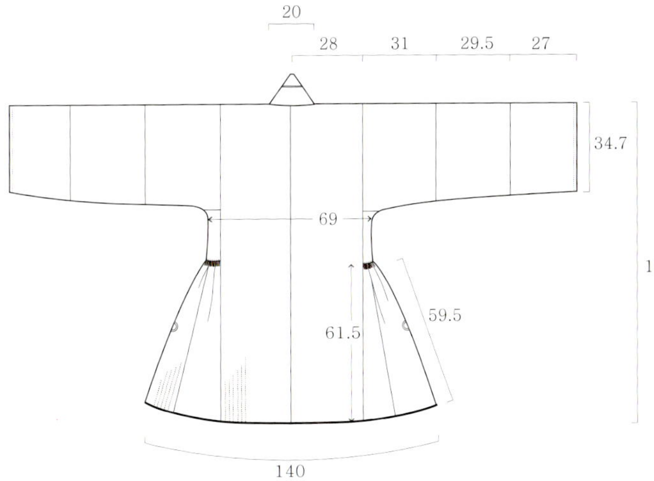

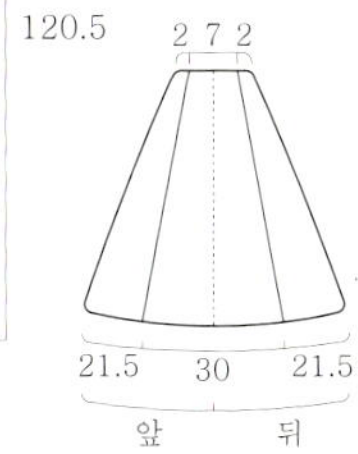

바지 No.11478

구성		솜누비 추정
소재		명주
옷감 너비		겉: 34
총길이(말기 포함)		102.5
허리말기	허리둘레 (1/2)	57
	말기 너비	15.7
	고름	너비 6
	트임	옆트임 / 15.5
	주름 너비	겉: 5.5~6 / 안: 2~5
	주름 개수	좌 3 / 우 4
	방향	옆트임을 향한 외주름
	기타	보조 가랑이와 한꺼번에 주름 잡음
겉바지	길이	86.8
	바지통	65
	부리	65(16+33+16)
	바대	삼각 형태
		길이: 15 / 옆선 12
		너비: 밑변 10.5
속바지	길이(말기 제외)	65.5
	바지통	65
	부리	65
	바대	사다리꼴
		길이: 중심 44 / 옆선 48
		너비: 상부 5 / 밑변25
밑 위 길이		44.5
밑 아래 길이		42
누비 간격		바지통 1.6 / 허리말기 2.5 / 삼각바대 1.2

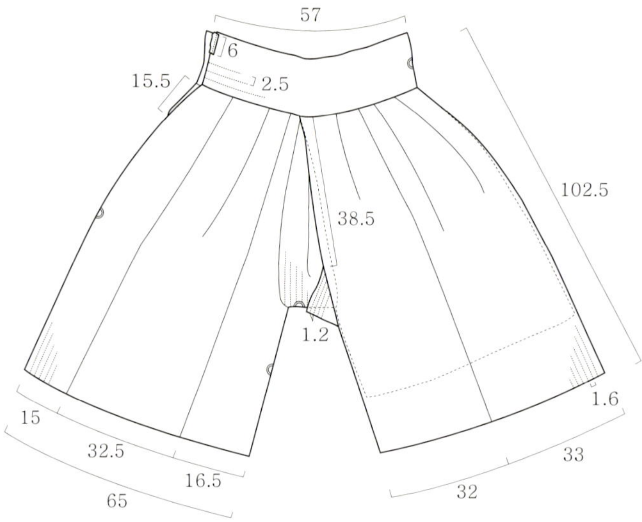

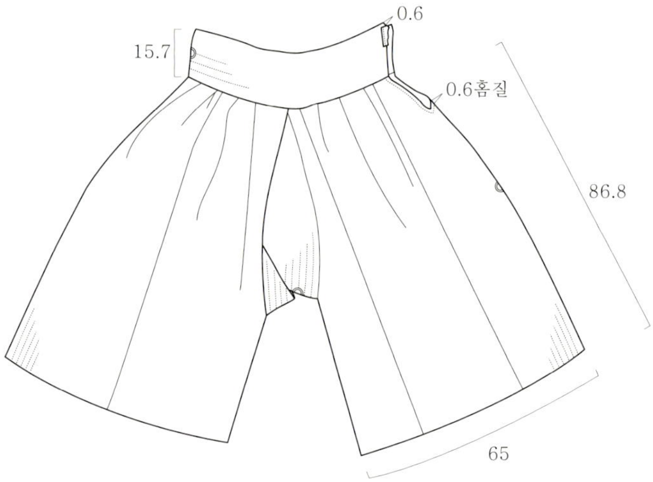

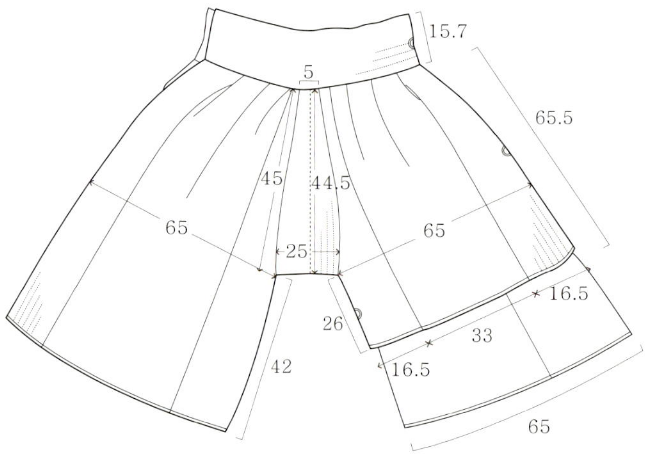

바지 No.11479

구성		겹
소재		명주
옷감 너비		겉: 34
총길이(말기 포함)		113
허리둘레		117
허리 말기 너비		14
고름(끈) (길이×너비)		너비6
트임	상태	뒤트임
	길이	41
허리 주름	주름 너비	겉: 5.5 / 안: 약3
	주름 개수	좌 4 / 우 3
	방향	앞면 오른쪽 향해 있음
	기타	옆선 맞주름
겉바지	길이(말기 제외)	99
	바지통(1/2)	61
	부리(1/2)	61(30.5+30.5)
	바대	사각 접은 삼각 형태
		부착 위치: 뒷길 트임선에서 41cm 내려온 지점 부착
		길이 13.5
		밑변8 / 옆면 11.5
밑 위 길이		41
밑 아래 길이		34
누비 간격		없음

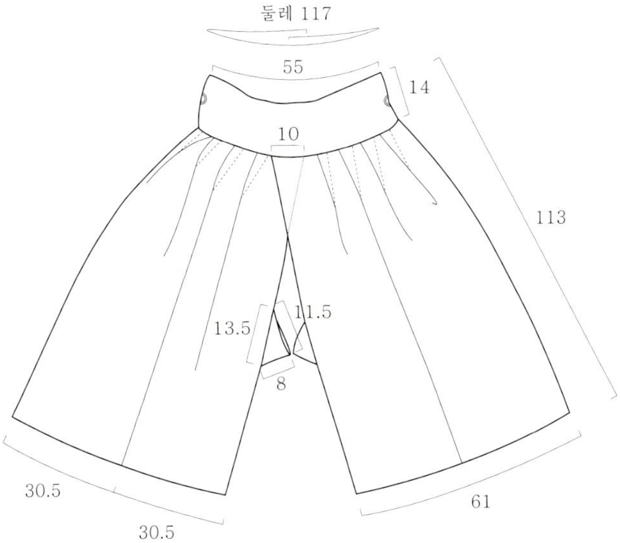

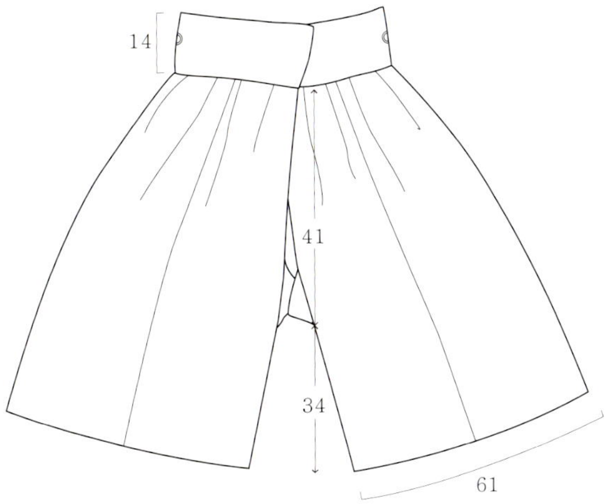

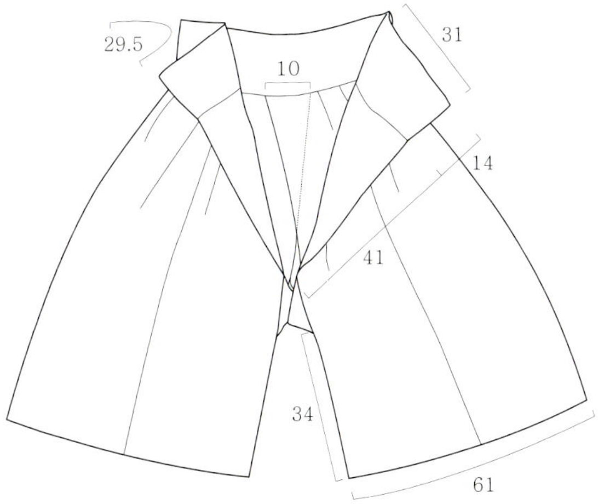

조대 No.11480

구성	끈목
소재(겉/안)	견사
길이	780
지름	0.3

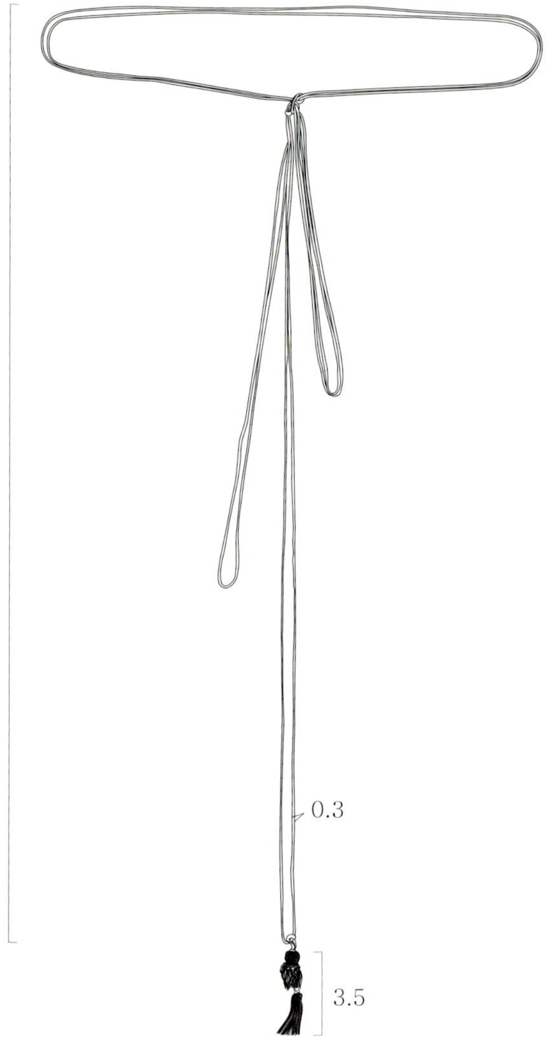

조대 No.11481

구성	끈목
소재(겉/안)	견사
길이	720
지름	0.4

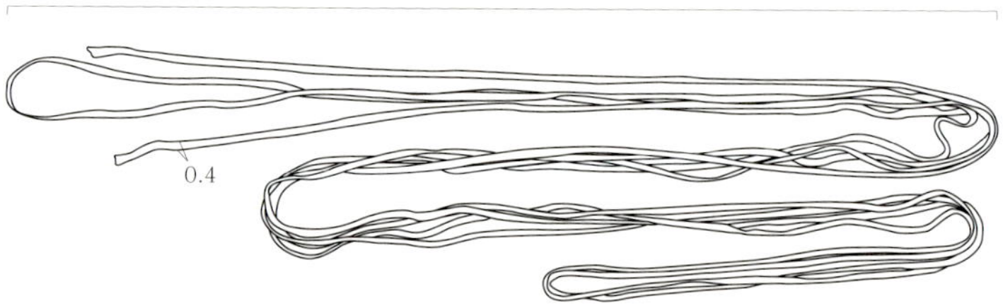

이불 No.11482

구성	솜
소재(겉/안)	명주
길이	212
너비	220

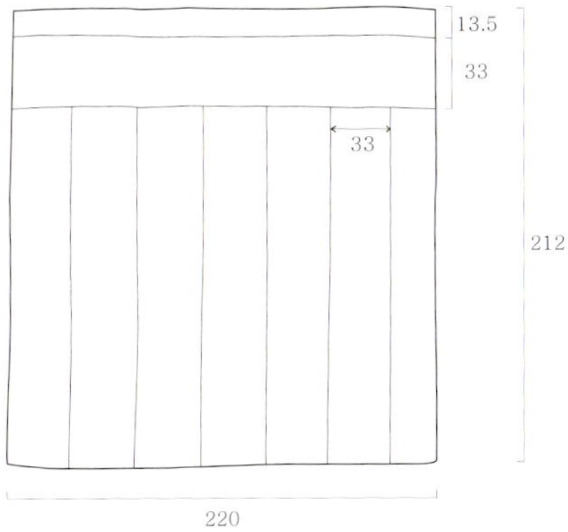

구의 No.11483

구성	홑
소재(겉/안)	명주
길이	427
너비	65

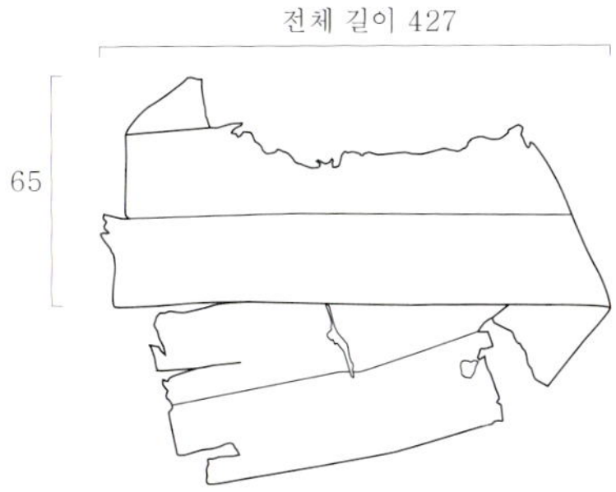

관내의 No.11484

구성	홑
소재 겉/안)	명주
길이	163
너비	42

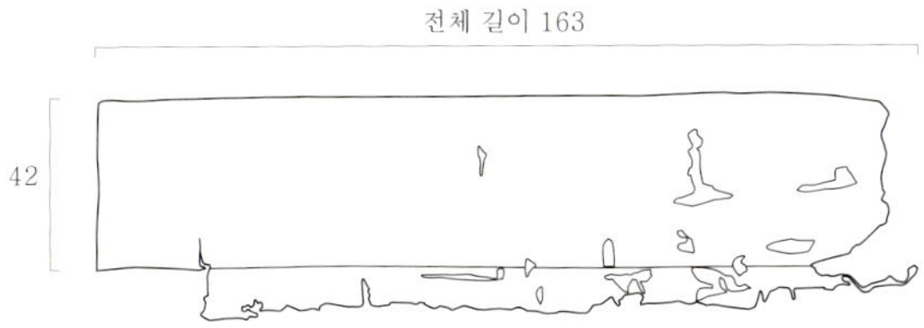

멱목 No.11485

구성	겹
소재(겉/안)	명주
길이	33
너비	34

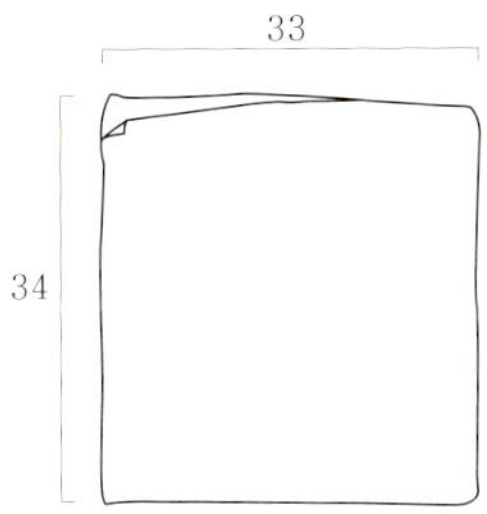

소매 No.11486

구성	겹
소재(겉/안)	명주
길이	85
너비	45

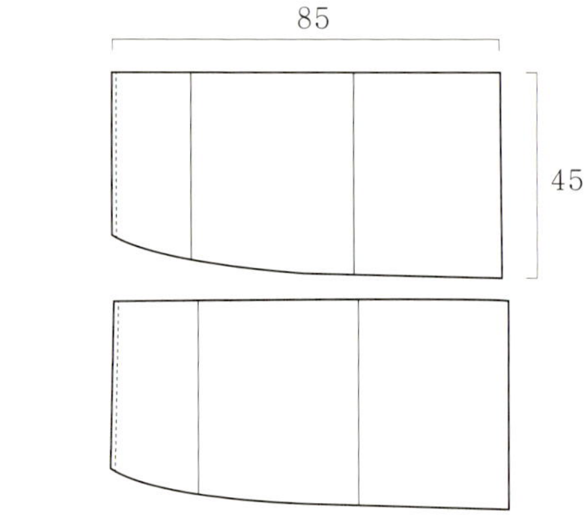

소매 No.11487

구성	홑
소재(겉/안)	명주
길이	63
너비	33.5

옷감 조각 No.11488

구성	홑
소재(겉/안)	명주
길이	99
너비	34

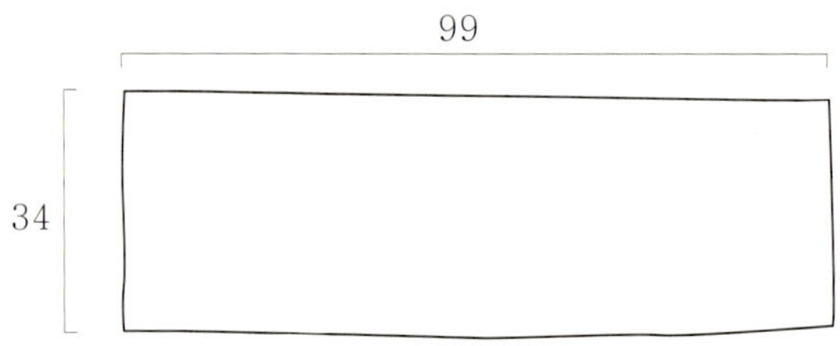

옷감 조각 No.11489

구성	겹
소재(겉/안)	명주
길이	102
너비	33.5

2. 안동김씨 유물 도식화

장저고리 No.11490

구성		겹
소재		명주
옷감 너비		겉: 32
길	길이	80
	화장	90(30+32+28)
	뒤품	65.5
소매	진동	35.5
	소매 너비	29
	수구	27.5
고대		18
깃	깃 총길이	100
	깃 너비	6.5
	겉깃 길이	42
	안깃 길이	40.5
	주름	겉 1 / 속 1.8
	동정	너비 4.2
섶	겉섶 너비(上/下)	3.5 / 15.2
	겉섶 길이(內/外)	37 / 37.8
	안섶 너비(上/下)	4 /16
	안섶 길이(內/外)	38 / 37
옆선 길이		37.5
무	너비(上/小/下)	15 / 2.7 / 13.5
	길이(內/外)	41.5 / 26.5
트임		31
도련	뒷길 / 겉섶 / 안섶	87 / 58 / 58.5
고름		너비 1.7
비고		가장자리 곱게 홈질 상침

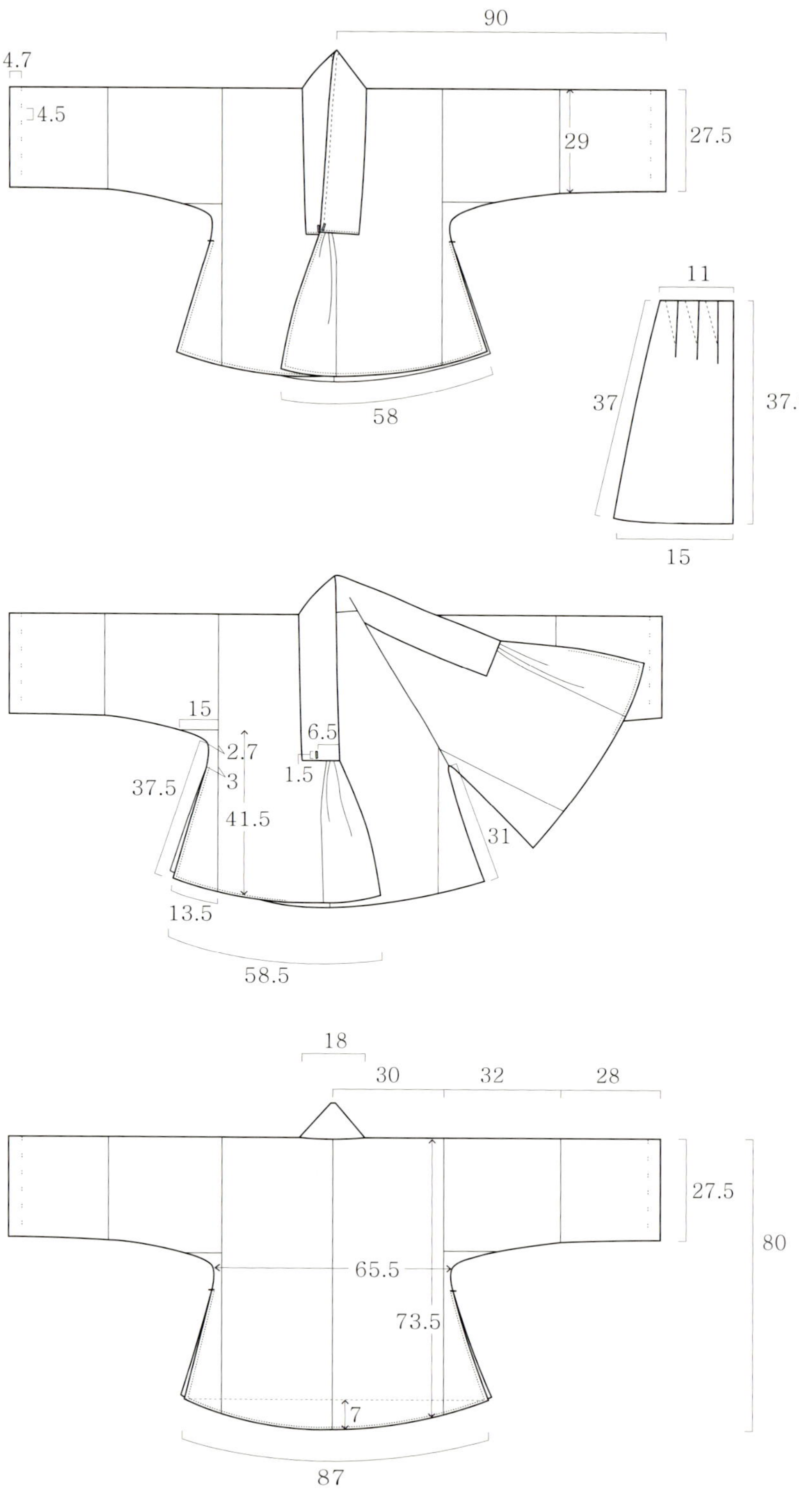

장저고리 No.11491

	구성	겹
	소재	명주
	옷감 너비	겉: 36
길	길이	81.5
	화장	91(31.5+35+20+4.5)
	뒤품	72
소매	진동	34
	소매 너비	30
	수구	29.5
	고대	20(추정)
깃	깃 총길이	114.7
	깃 너비	13
	겉깃 길이	43.5
	안깃 길이	51
	동정 너비	-
	동정 시작점	-
섶	겉섶 너비(上/下)	15 / 30
	겉섶 길이(內/外)	65.5 / 45
	안섶 너비(上/下)	6 / 16
	안섶 길이(內/外)	48.7 / 30
	옆선 길이	40
무	너비(上/小/下)	7 / 5.5 / 16
	길이(內/外)	45 / 40
	트임	34
도련	뒤 / 겉섶 / 안섶	94 / 78.5 / 60.5
	고름	탈락
비고	도련 3.8cm 들어가서 4cm 간격으로 두땀 상침	

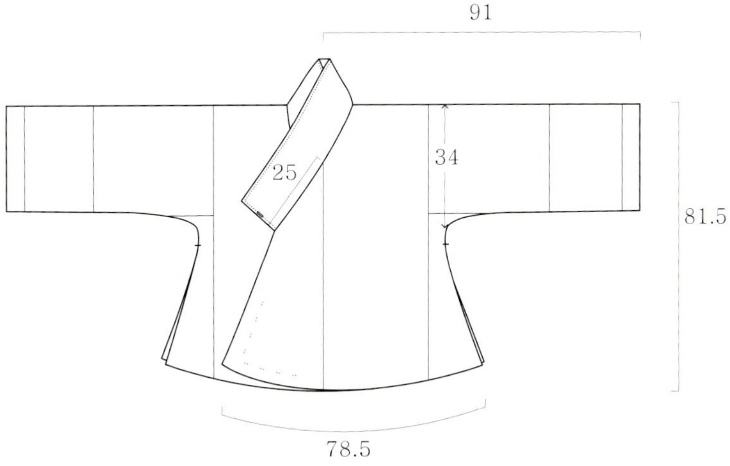

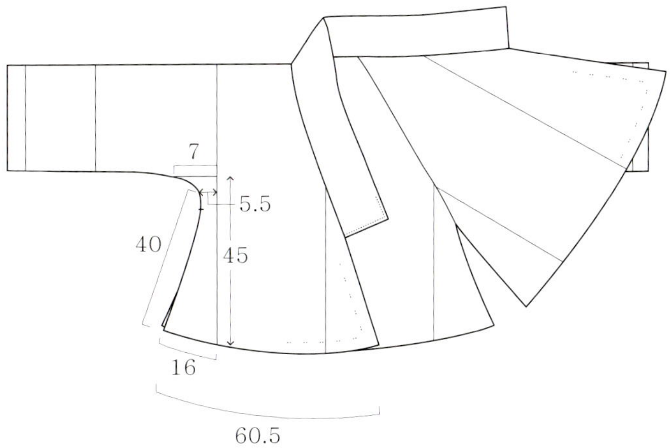

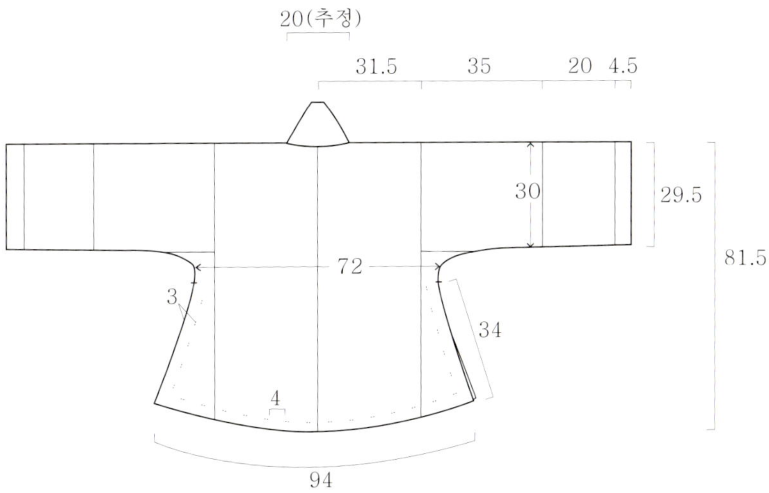

저고리 No.11492

구성		겹
소재		명주, 운보문단, 연화문단
옷감 너비		겉: 32
길	길이	52.5
	화장	69
	뒤품	67.2(삼각무 제외)
소매	진동	27.5(삼각무 제외)
	소매 너비	26 / 24.5
	수구	24
고대		18
깃	깃 총길이	99
	깃 너비	11.5
	겉깃 길이	41
	안깃 길이	39.5
	동정 너비	-
	동정 시작점	-
섶	겉섶 너비(上/下)	4.2 / 9.5
	겉섶 길이(內/外)	24.2 / 1 4.3
	안섶 너비(上/下)	2 / 4.5
	안섶 길이(內/外)	13 / 13
옆선 길이		13.5
사다리 꼴무	너비(上/小/下)	1.8 / 9
	길이(內/外)	20.7 / 19.5
사각 접은 삼각무		6 × 6
도련	뒤 / 겉섶 / 안섶	79 / 49 / 44.5
고름		너비 2.2
비고		안깃 4cm 내어달림

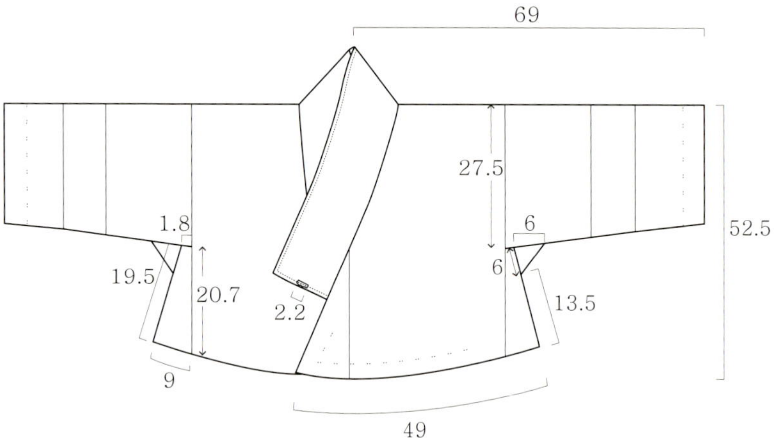

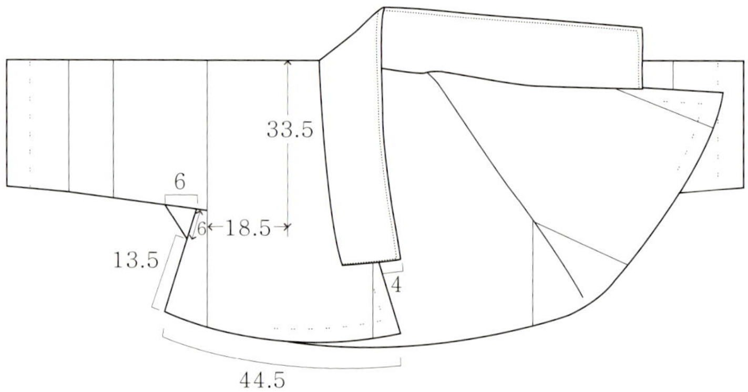

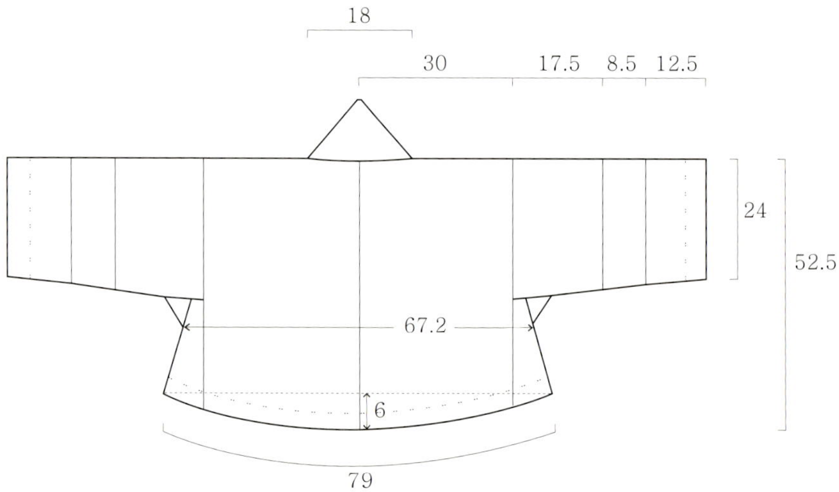

적삼 No.11493

구성		겹
소재		명주
옷감 너비		겉: 32
길	길이	58
	화장	61
	뒤품	61(삼각무 제외)
소매	진동	31(삼각무 제외)
	소매 너비	30.5
	수구	29
고대		19.5
깃	깃 총길이	99
	깃 너비	11.2
	겉깃 길이	37
	안깃 길이	42
	동정 너비	-
	동정 시작점	-
섶	겉섶 너비(上/下)	6.5 / 11
	겉섶 길이(內/外)	20.5 / 20.3
	안섶 너비(上/下)	7 / 9.5
	안섶 길이(內/外)	16.5/16
옆선 길이		17
사각 접은 삼각무		8.5 × 8.5
트임		8
도련	뒤 / 겉섶 / 안섶	61 / 41 / 38
고름		너비 1.2
비고	옷 완성 후 가장자리 0.3cm 들어가서 0.3cm 간격으로 홈질하여 상침	

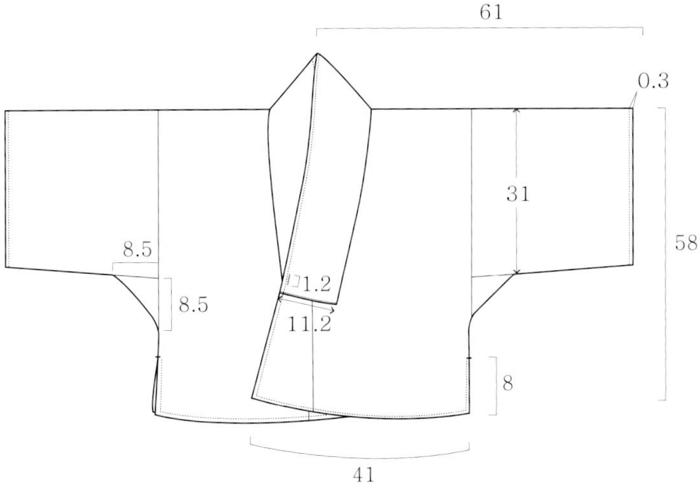

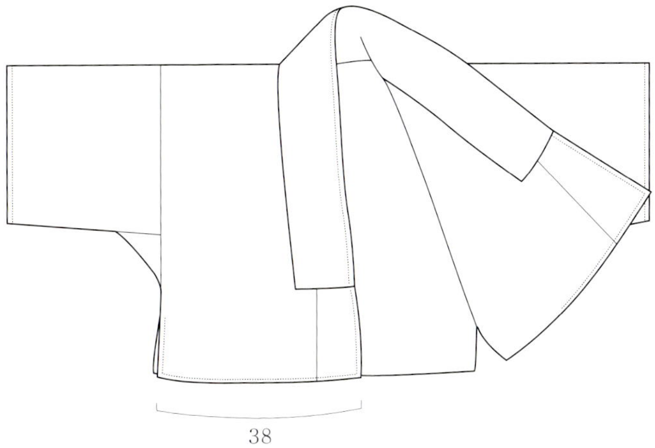

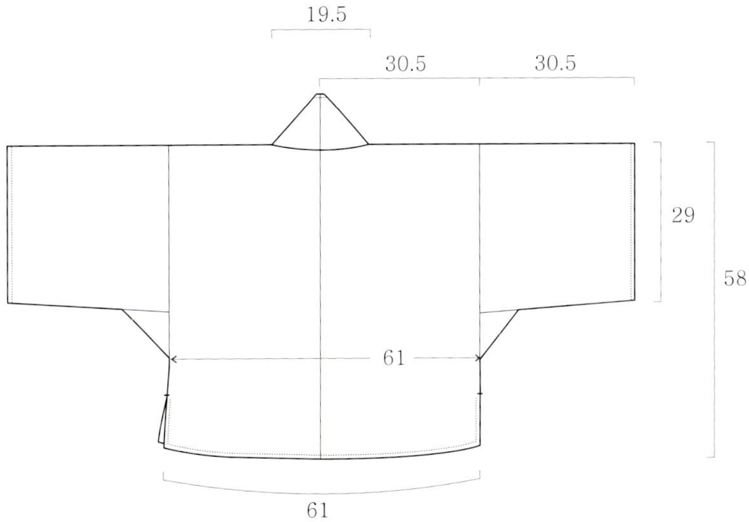

치마 No.11494

구성		겹
소재		명주
옷감 너비		겉: 32
총길이		총 98 / 앞중심 85
허리둘레		105 (추정)
허리 말기 너비		허리 말기 소실
치마폭		484
폭 수		1폭 너비: 32 / 폭 수: 16
도련 상태		눈썹단 / 겉 0.2, 안 0.7
주름	너비	겉: 3~2 안: 4~5
	방향	중심 맞주름 상태 중심에서 좌측: 왼주름, 우측 오른주름
거들단		중심 길이 4.5
		너비 152
접음단		도련에서 23.5 올라가서 5.5cm 접음
		펼친 상태 10
비고		눈썹단: 겉감을 이용

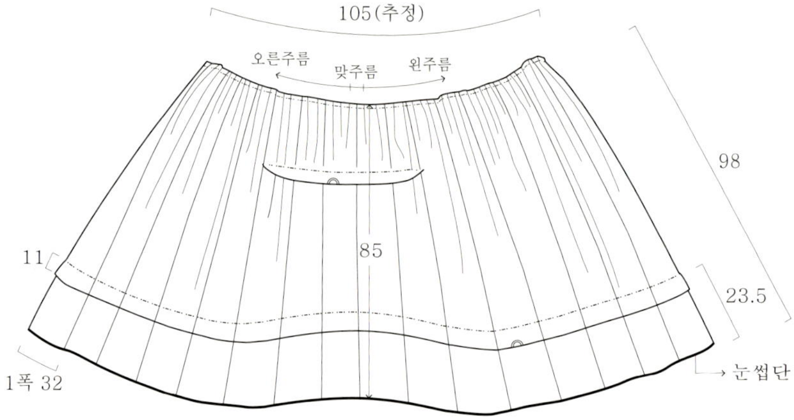

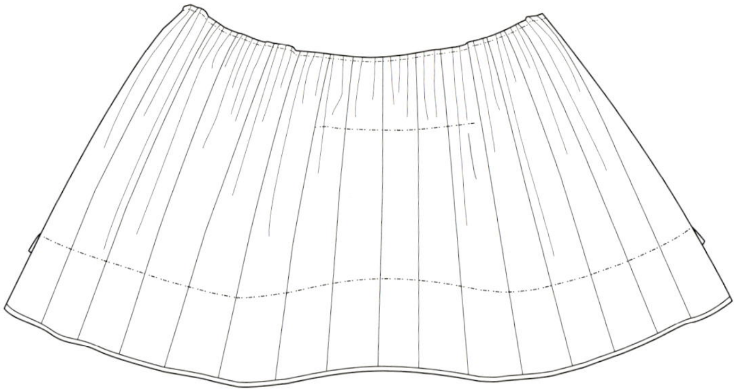

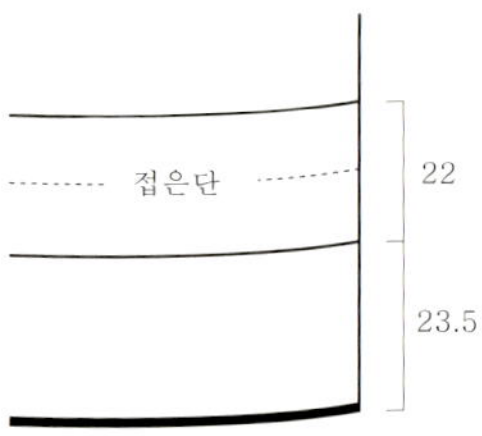

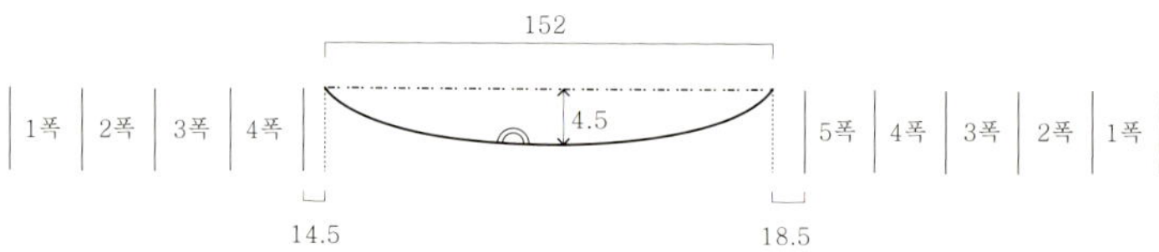

치마 No. 11495

구성		겹
소재		명주
옷감 너비		겉: 31
길이	총길이(말기 포함)	90
	길이(말기 제외)	85
허리	허리둘레	77
	허리 말기 너비	4.5
	고름	탈락
치마폭	치마폭	450
	치마폭 수	1폭 너비: 30.5 / 폭 수: 15
	여밈 상태	우임
	도련 상태	눈썹단(겉감 이용): 겉 0.3/안 2.4
주름 너비		겉: 2.8~4 안: 3
접음단		도련에서 23 올라가서 9.8cm 접음
	펼친 상태 19.6	
비고		눈썹단: 겉감을 이용

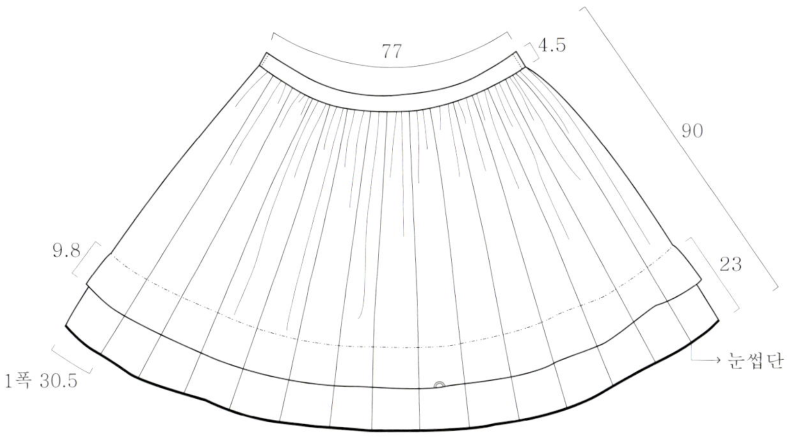

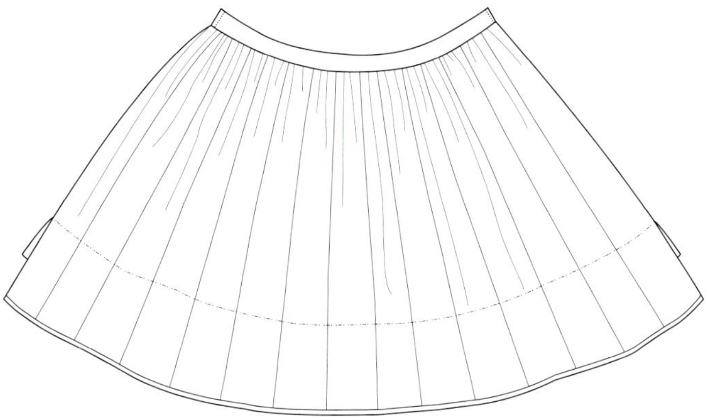

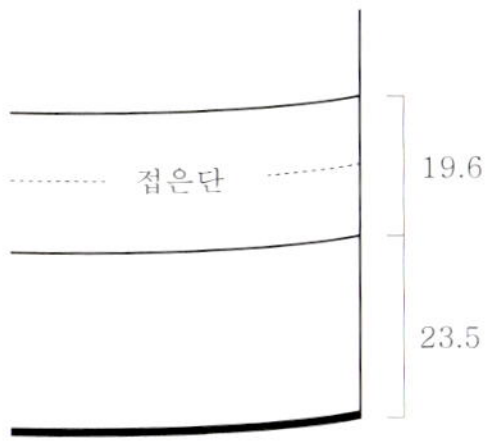

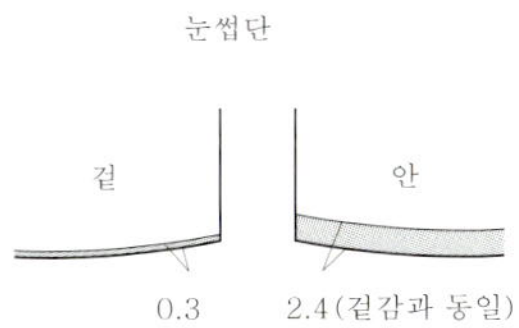

치마 조각 1 No.11496

구성	겹
소재(겉/안)	명주
길이	90
너비	180

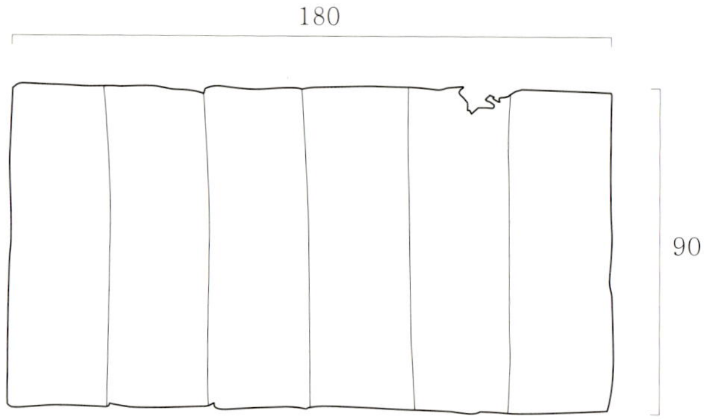

치마 조각 2 No.11497

구성	겹
소재(겉/안)	명주
길이	92
너비	125

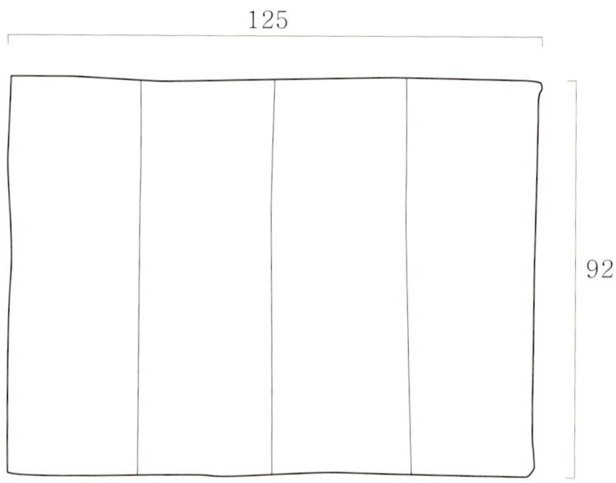

3. 세가닥 바지 도식화

고운묘 출토 바지

구성		솜옷
소재		면포, 솜
옷감 너비		35
총길이(말기 포함)		101
허리 말기	허리둘레(1/2)	45
	말기 너비	13
	고름	탈락
	트임	옆트임 22.5
	주름 너비	6~7
	주름 개수	좌 2/ 우 2
	방향	트임 향한 외주름
	기타	중심 3cm 겹침
겉가닥	길이 (말기 제외)	87 / 88
	바지통	54
	부리	54
	바대	삼각 형태
		길이: 13.4 / 밑변 13
속가닥	길이 (말기 제외)	55
	바지통	48
	부리	48
	바대	사다리꼴, 작은 삼각형
		길이 46, 밑변19, 윗변 5
		삼각 4× 4
밑 위 길이		57
밑 아래 길이		32 / 7
누비 간격		없음

겉가닥(앞)

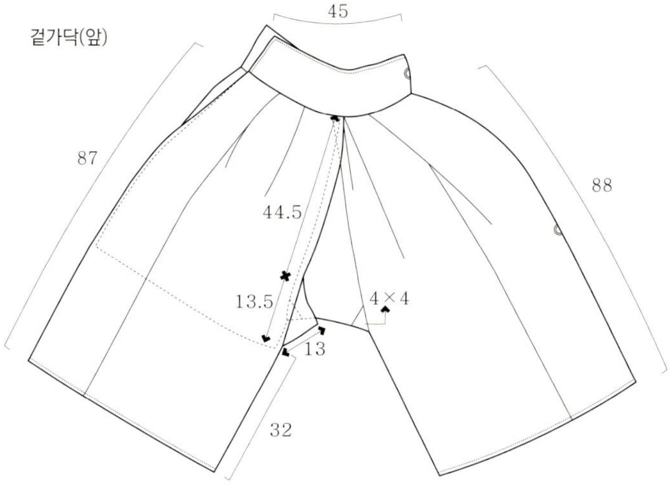

겉가닥(뒤)

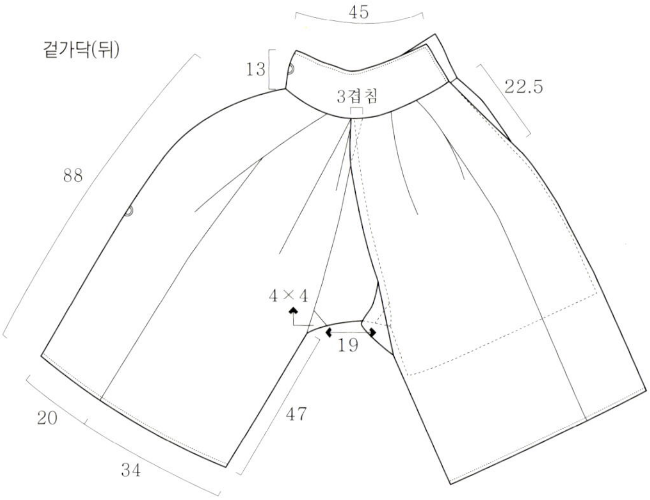

속가닥

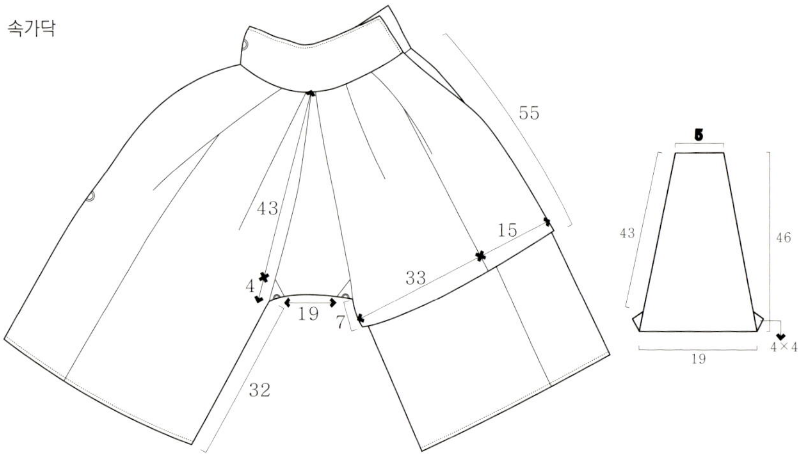

임백령 묘 출토 바지 1

구성		솜누비
소재		명주
옷감 너비		35
총길이(말기 포함)		110.5
허리 말기	허리둘레	54
	말기 너비	13.5
	고름	너비 5
	트임	17.5
	주름 너비	4.8 ~ 5.5
	주름 개수	좌 2, 중심 1, 우 1
	방향	중심 맞주름 / 나머지 주름은 트임 없는 쪽으로 향함
겉가닥	길이 (말기 제외)	67
	바지통	59
	부리	59
	바대	사다리꼴 형태
		길이 53, 너비 상 10, 하 28
속가닥	길이 (말기 제외)	97
	바지통	43
	부리	43
	바대	직사각 형태
		길이 53, 너비 14.5
밑 위 길이		55
밑 아래 길이		12 / 44
누비 간격		4

겉가닥(앞)

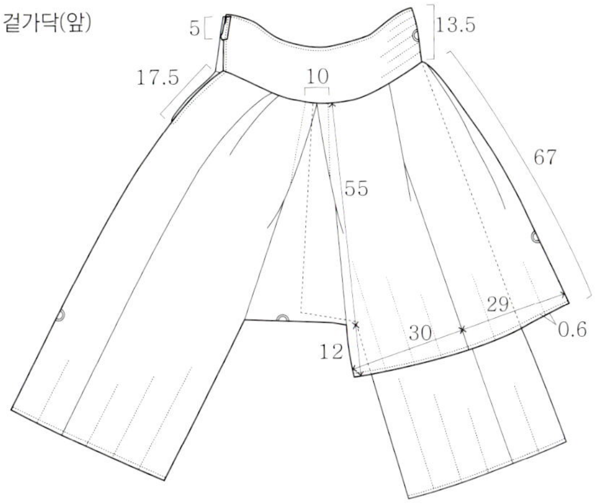

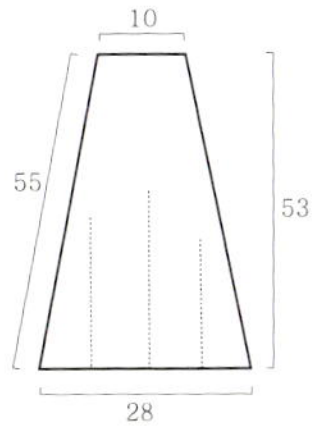

겉가닥(뒤)

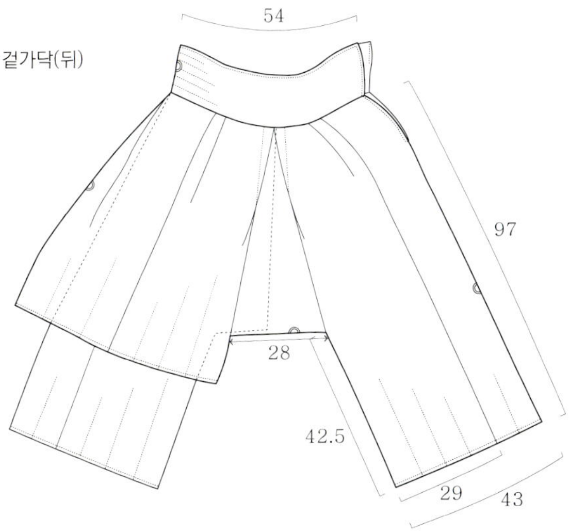

속가닥

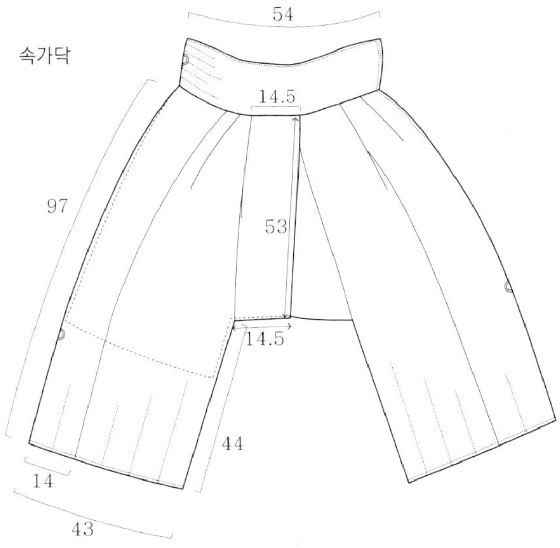

임백령 묘 출토 바지 2

구성		솜누비
소재		명주
옷감 너비		35
총길이(말기 포함)		113
허리 말기	허리둘레	54
	말기 너비	15
	고름	남은 길이 46.5 × 7
	트임	16
	주름 개수	좌 1, 중심 1, 우 1
	방향	중심을 향함 / 옆선 주름 맞주름
겉가닥	길이(말기 제외)	70
	바지통	62
	부리	62
	바대	사다리꼴 형태 길이 51 / 너비 상 5, 하 14
속가닥	길이(말기 제외)	98
	바지통	45
	부리	45
	바대	직사각 형태 길이 50.5 / 너비 14
밑 위 길이		54
밑 아래 길이		19 / 48
누비 간격		1.5 / 허리 1.2

겉가닥(앞)

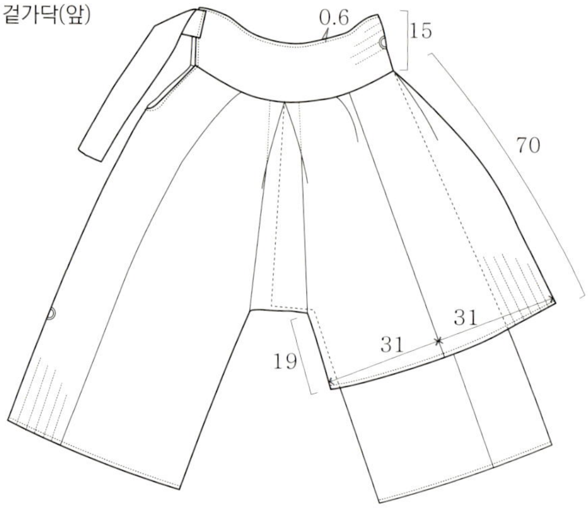

겉가닥(뒤)

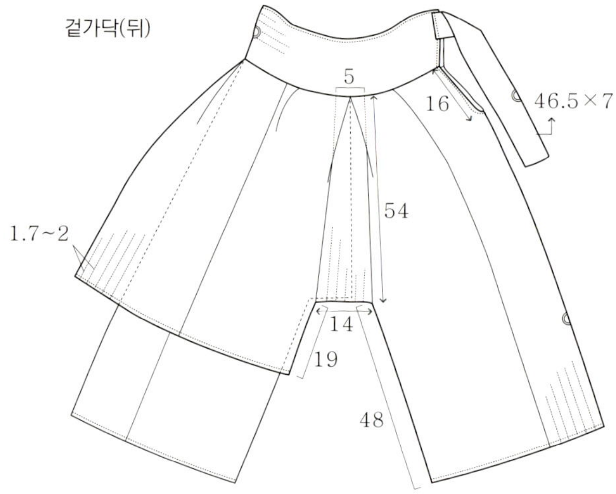

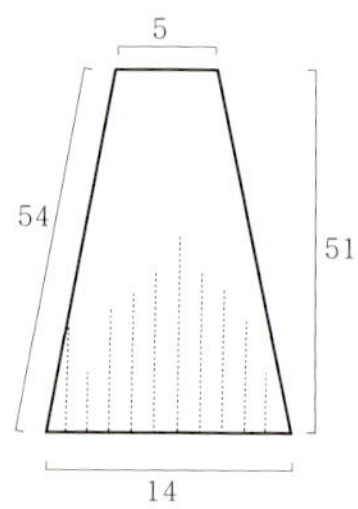

속가닥

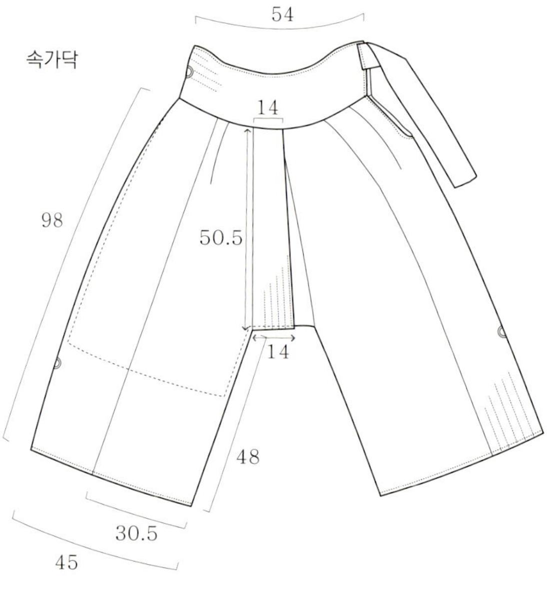

남양홍씨 묘 출토 바지

구성		솜누비
소재		명주
옷감 너비		35
총길이(말기 포함)		106.5
허리 말기	허리둘레	50.5
	말기 너비	10.5
	고름	103×4
	트임	옆트임 13
	주름 너비	6~8.5
	주름 개수	4
	방향	중심 향함
	기타	중심 5cm 겹침
겉가닥	길이(말기 제외)	96
	바지통	41.5
	부리	28 / 29.5
	바대	삼각 형태 길이 15.5 / 밑변 8
속가닥	길이(말기 제외)	53.5
	바지통	62
	부리	62
	바대	사다리꼴 길이 54 / 너비 상5, 하27
밑 위 길이		54
밑 아래 길이		45 / 11
누비 간격		8

겉가닥(앞)

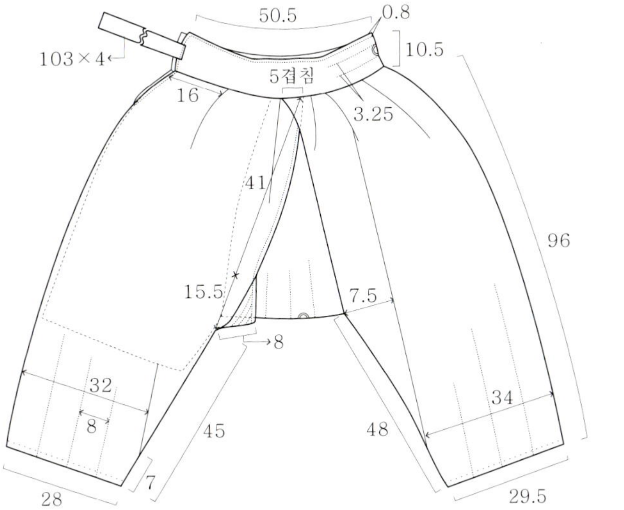

속가닥

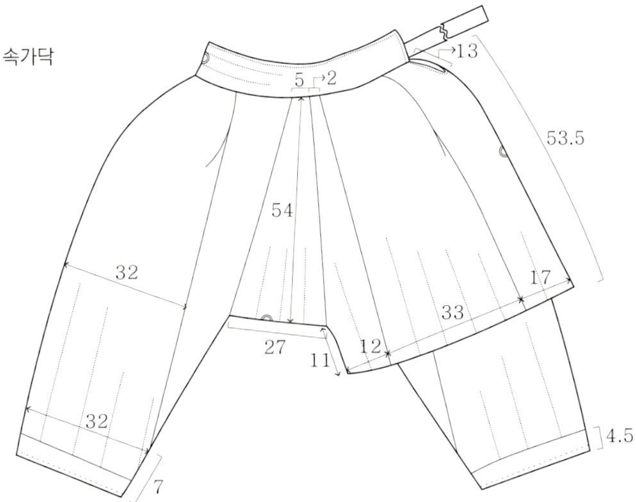

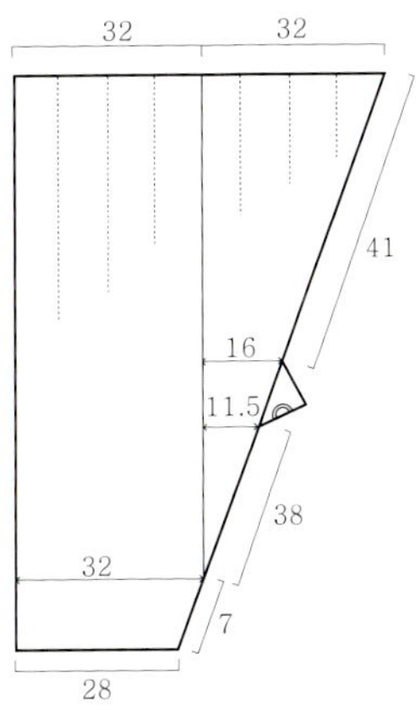

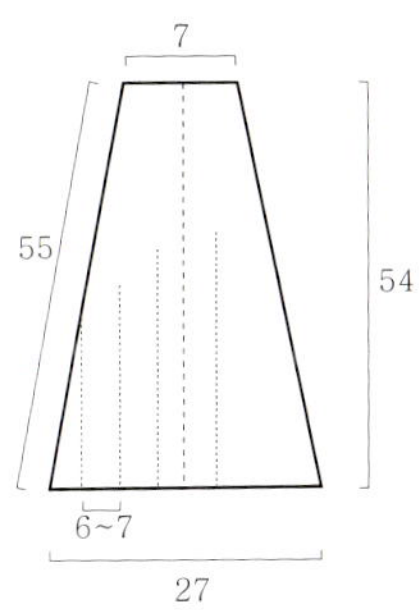

정응두 묘 출토 바지

구성		솜누비
소재		명주
옷감 너비		34
총길이(말기 포함)		106
허리 말기	허리둘레	62.5
	말기 너비	10
	고름	너비 4
	트임	13
	주름 개수	중심 맞주름 1개 좌우 바깥주름 2개씩
겉가닥	길이 (말기 제외)	59
	바지통	83
	부리	83
	바대	사다리꼴 형태
		길이 61 / 너비 상 7, 하 17
속가닥	길이 (말기 제외)	96
	바지통	40
	부리	43
	바대	삼각 형태
		길이 14 / 밑변 7.5
밑 위 길이		64
밑 아래 길이		7 / 35
누비 간격		8.3 / 허리 2.5~4

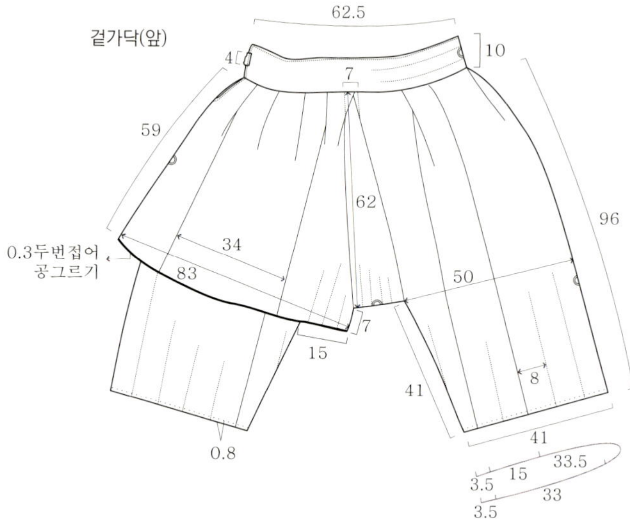

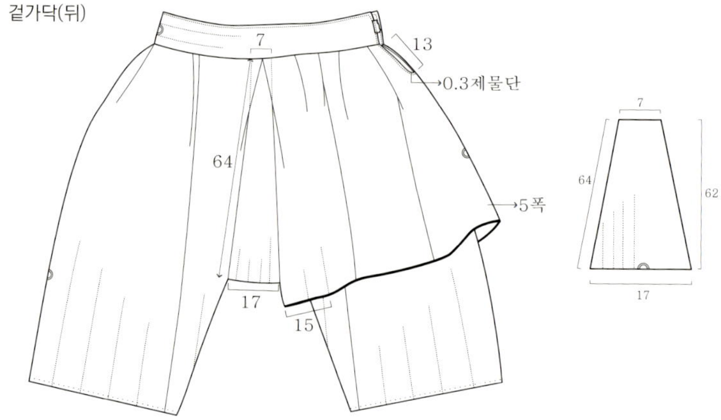

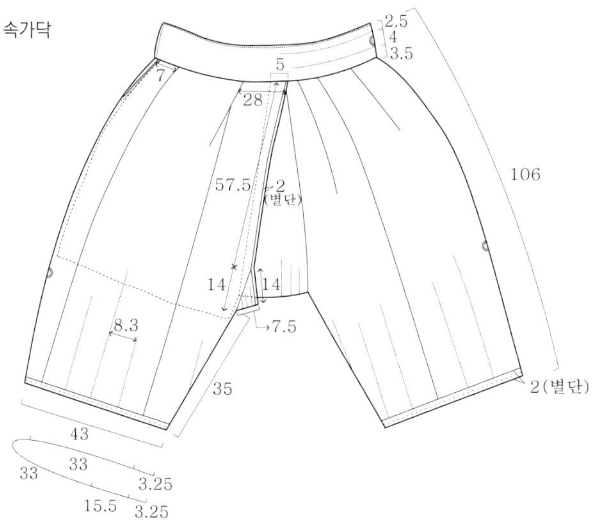

벽진이씨 묘 출토 바지

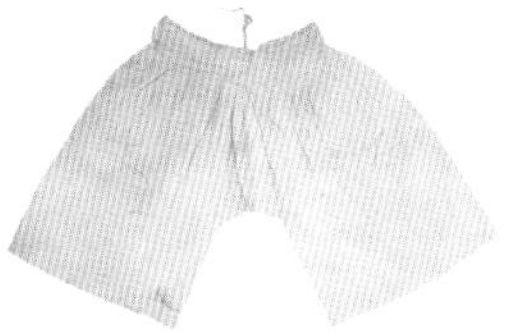

구성		솜옷
소재		면포, 솜
옷감 너비		35
총길이(말기 포함)		84
허리 말기	허리둘레	54
	말기 너비	10
	고름	너비 5.3
	어깨끈	너비 2.2
	트임	옆트임 14.5
	주름 너비	12~15
	주름 개수	좌 2 / 우 2
	방향	중심 향한 외주름, 좌측 주름 1개는 옆선으로 향함. 옆선은 맞주름
겉가닥	길이(말기 제외)	74
	바지통	57
	부리	57
	바대	삼각 형태
		길이 17, 밑변 12
속가닥	길이(말기 제외)	52
	바지통	68.5
	부리	68.5
	바대	사다리꼴
		길이 38, 너비 상12, 하 33
밑 위 길이		38
밑 아래 길이		36 / 11.5
바지통의 끈		길이 10
누비 간격		1~1.2 / 바대 1~2

겉가닥(앞)

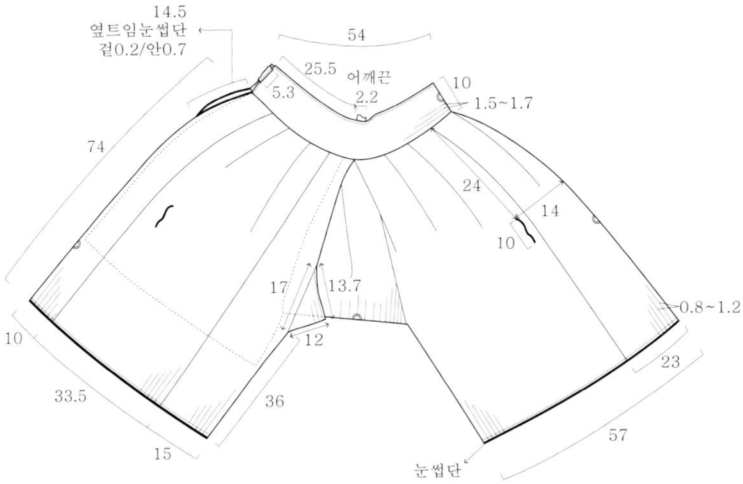

겉가닥(뒤)

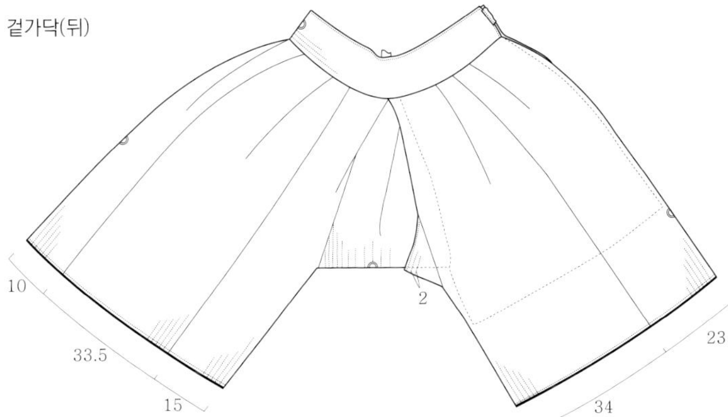

속가닥

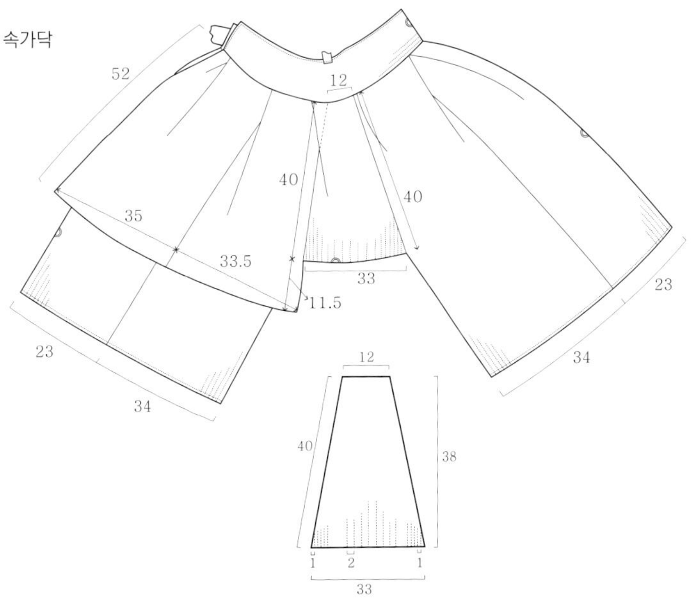

한산이씨 묘 출토 바지

구성		솜옷
소재		면포, 솜
옷감 너비		35
총길이(말기 포함)		106.5
허리 말기	허리둘레	56
	말기 너비	10.5
	고름	탈락
	트임	20
	주름 개수	좌 2, 우1
	방향	중심 맞주름, 좌우측 옆선쪽 향한 외주름
겉가닥	길이 (말기 제외)	96
	바지통	43
	부리	30.5
	바대	삼각 형태
		길이 10, 밑변 6
속가닥	길이 (말기 제외)	52
	바지통	51.5
	부리	51.5
	바대	사다리꼴 + 작은 삼각형
		길이 39 / 너비 상 7, 하25
밑 위 길이		43
밑 아래 길이		39 / 13
누비 간격		없음

겉가닥(앞)

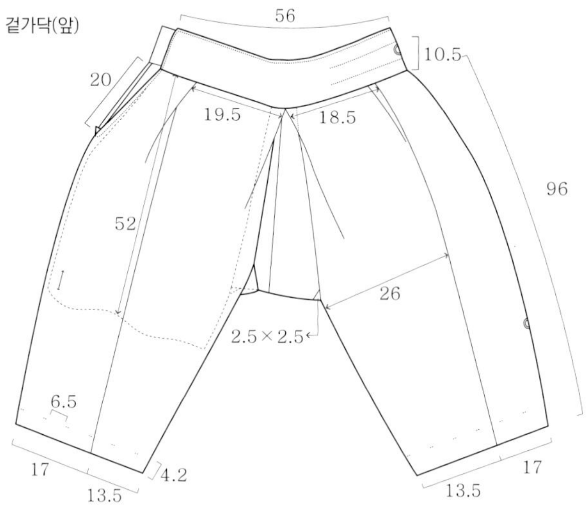

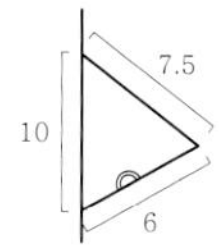

겉가닥(뒤)

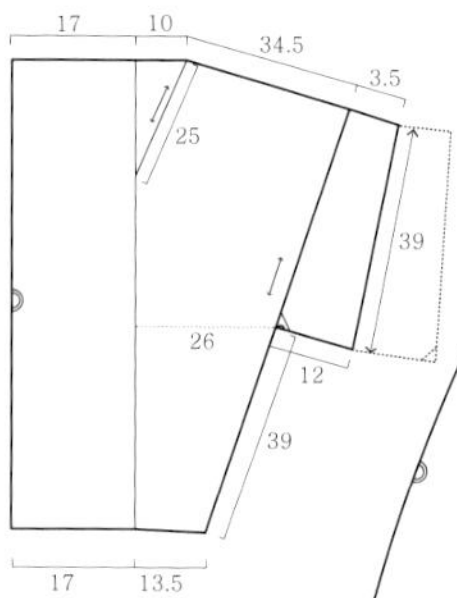

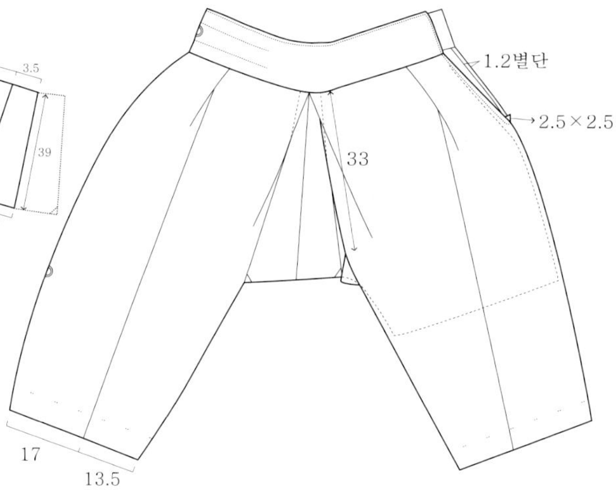

속가닥

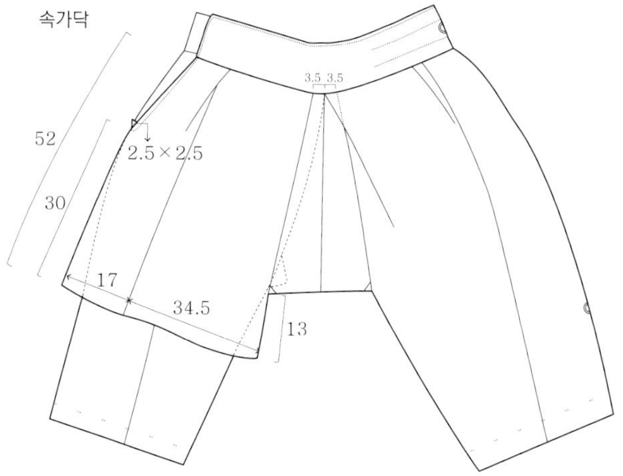

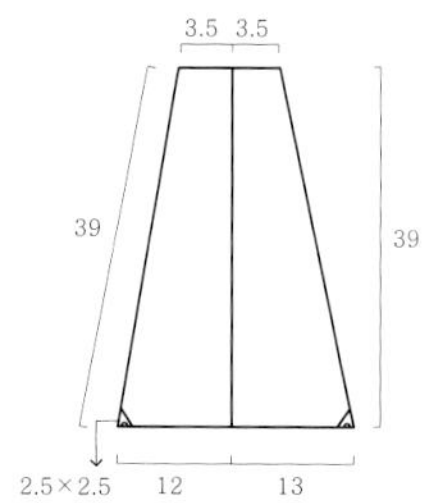

윤선언 묘 출토 바지

구성		솜누비
소재		명주
옷감 너비		35
총길이(말기 포함)		100.5
허리 말기	허리둘레	46
	말기 너비	10.5
	고름	68 / 93× 5
	트임	옆트임 15
	주름 너비	8 ~11.5
	주름 개수	좌 2 / 우 2
	방향	트임 반대쪽으로 향함
겉가닥	길이 (말기 제외)	90
	바지통	52
	부리	52
	바대	삼각 형태
		길이 12 밑변 12
속가닥	길이 (말기 제외)	65
	바지통	69
	부리	69
	바대	사다리꼴
		길이 45.5 / 너비 상 4, 하 24.5
밑 위 길이		45.5
밑 아래 길이		43.5 / 21
누비 간격		7 / 허리 3.5

겉가닥(앞)

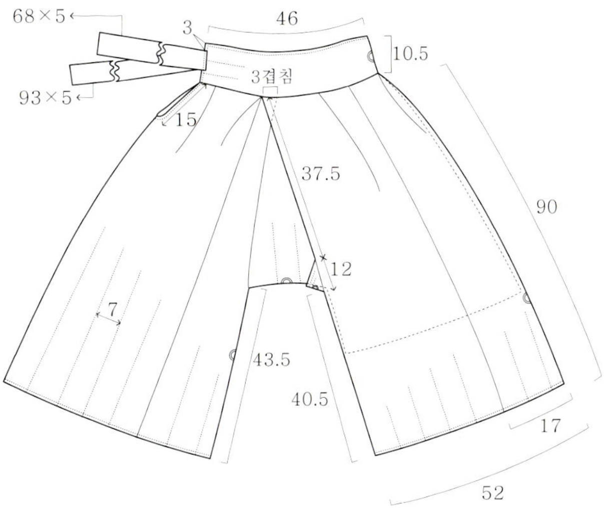

겉가닥(뒤)

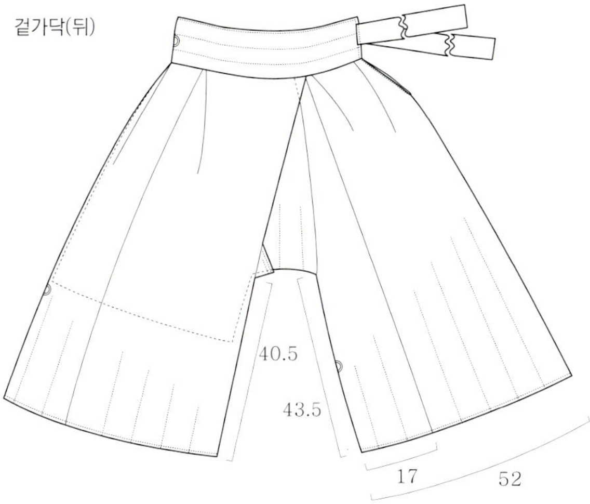

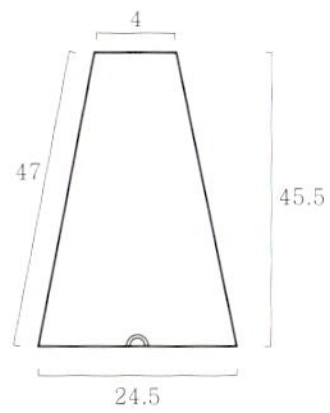

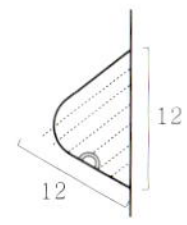

속가닥

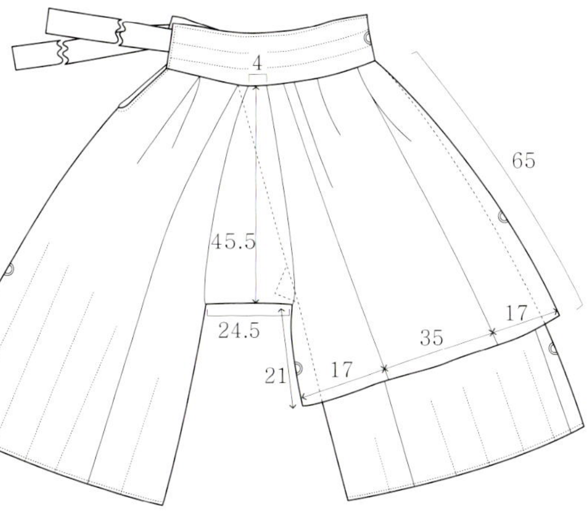